Armin Klein

Leadership im Kulturbetrieb

Kulturmanagement + Kulturpolitik

Herausgegeben von
Andrea Hausmann

Europa-Universität Viadrina Frankfurt (Oder)

Armin Klein

Leadership im Kulturbetrieb

VS VERLAG FÜR SOZIALWISSENSCHAFTEN

Bibliografische Information der Deutschen Nationalbibliothek
Die Deutsche Nationalbibliothek verzeichnet diese Publikation in der
Deutschen Nationalbibliografie; detaillierte bibliografische Daten sind im Internet über
<http://dnb.d-nb.de> abrufbar.

1. Auflage 2009

Alle Rechte vorbehalten
© VS Verlag für Sozialwissenschaften | GWV Fachverlage GmbH, Wiesbaden 2009

Lektorat: Frank Engelhardt

VS Verlag für Sozialwissenschaften ist Teil der Fachverlagsgruppe
Springer Science+Business Media.
www.vs-verlag.de

Das Werk einschließlich aller seiner Teile ist urheberrechtlich geschützt. Jede Verwertung außerhalb der engen Grenzen des Urheberrechtsgesetzes ist ohne Zustimmung des Verlags unzulässig und strafbar. Das gilt insbesondere für Vervielfältigungen, Übersetzungen, Mikroverfilmungen und die Einspeicherung und Verarbeitung in elektronischen Systemen.

Die Wiedergabe von Gebrauchsnamen, Handelsnamen, Warenbezeichnungen usw. in diesem Werk berechtigt auch ohne besondere Kennzeichnung nicht zu der Annahme, dass solche Namen im Sinne der Warenzeichen- und Markenschutz-Gesetzgebung als frei zu betrachten wären und daher von jedermann benutzt werden dürften.

Umschlaggestaltung: KünkelLopka Medienentwicklung, Heidelberg
Druck und buchbinderische Verarbeitung: Krips b.v., Meppel
Gedruckt auf säurefreiem und chlorfrei gebleichtem Papier
Printed in the Netherlands

ISBN 978-3-531-16101-3

Inhaltsverzeichnis

A Theoretische Grundlegung 7

1 Leadership im Kulturbetrieb 9
  1.1 Einführung: Um was es geht 9
  1.2 Eine systemische Sicht der Kulturorganisation 11

2 Blick zurück: Der Mensch in der klassischen Organisationstheorie 17
  2.1 Der Traum von der „großen Maschine": Scientific Management 18
  2.2 „Verwaltete Kultur": Die Theorie der Bürokratie 22
  2.3 Stütztheorien: Motivationstheorien 26
  2.4 Zusammenfassung: Kritik des instrumentellen Ansatzes der Organisationstheorie 31

3 Perspektivenwechsel: Der Mensch als Ausgangspunkt 35
  3.1 Der Neuansatz von Chester I. Barnard 35
  3.2 Die Organisation als Institution 38
  3.3 Die „kulturelle" Neuorientierung der Organisationstheorie 47
  3.4 Die lernende Kulturorganisation 52
  3.5 Zusammenfassung: Das systemische Denken 58
  3.6 Leadership in systemischer Sicht 60
  3.7 Das Menschenbild der lernenden Organisation: McGregors Theorie X und Y 65

B Leadership in der Praxis des Kulturbetriebs ... 71

4 Die Führung der Kultureinrichtung ... 73
4.1 Führung als „Steuerung" der Kultureinrichtung ... 73
4.2 Führung als Führereigenschaft ... 75
4.3 Führung als Beeinflussungsprozess ... 78
4.4 Führung als Managementsystem ... 80
4.5 Das „beste" Führungssystem? ... 85

5 Führen mit Vision ... 89
5.1 Die Macht der Vision ... 89
5.2 Die Grundlage: Die Mission ... 90
5.3 Orientierung Zukunft: Die Vision ... 97
5.4 Strategisches Leitbild ... 101

6 Zielvereinbarungen als Steuerungs- und Führungsinstrument ... 105
6.1 Zielvereinbarungen als Steuerungsinstrument ... 106
6.2 Zielvereinbarungen als Führungsinstrument ... 111
6.3 Der Nutzen von Zielvereinbarungen ... 115
6.4 Die Formulierung von Zielen ... 118
6.5 Die Rolle der Führungskraft im Zielvereinbarungsprozess ... 121
6.6 Der Prozess der Zielvereinbarung ... 123
6.7 Schwierige Mitarbeitergespräche ... 130

7 Konfliktmanagement ... 135
7.1 Konfliktarten und -merkmale ... 135
7.2 Zum Umgang mit Konflikten ... 140
7.3 Kann nicht, darf nicht, will nicht ... 141

8 Leadership in Kulturorganisationen ... 145

Literaturverzeichnis ... 149

A Theoretische Grundlegung

1 Leadership im Kulturbetrieb

1.1 Einführung: Um was es geht

Die Mitarbeiterinnen und Mitarbeiter einer Kultureinrichtung sind ihr wichtigstes Potenzial. Eine Organisation verfügt, wie der Managementtheoretiker Peter F. Drucker feststellt, „nur über eine einzige wirkliche Ressource: den Menschen" (Drucker 2001: 32). Das „Wissen" (kognitiv wie emotional), die Fähigkeiten und vor allen Dingen das Engagement dieser Mitarbeiter werden damit zu kapitalen Organisationswerten, die ebenso bewertet, gepflegt und erweitert werden müssen, wie etwa die materiellen Vermögenswerte einer Kultureinrichtung (z. B. die Sammlung eines Museums, der Instrumenten- und Notenbestand einer Musikschule oder das Gebäude eines Theaters). Peter Drucker schreibt weiter: „Im Mittelpunkt des Managements steht der Mensch. Die Aufgabe des Managements besteht darin, Menschen in die Lage zu versetzen, gemeinsam Leistungen zu erbringen (...) Da seine Funktion darin besteht, Menschen in eine gemeinsame Unternehmung zu integrieren, ist das Management tief in der Kultur verwurzelt" (Drucker 2001: 27).

Ganz in diesem Sinne äußert sich auch Gerard Mortier, viele Jahre lang erfolgreicher künstlerischer Leiter und Kulturmanager der *Salzburger Festspiele*, wo – wie er schreibt – „Professionalität, Enthusiasmus und permanente Einsatzbereitschaft herrschten", über deren Erfolgsrezept: „In der Qualität des Personals liegt das Geheimnis der *Salzburger Festspiele*. Adaptionsfähig an viele verschiedene Ästhetiken, eine seltsame Motivation und eine über verschiedene Generationen hinweg erlernte Kunst des Handwerks zeichnen es aus" (Mortier/Ombra 2001: 17). Nur mit solchen Menschen lassen sich künstlerische Höchstleistungen erreichen. Dementsprechend definiert Mortier das eigentliche Aufgabenfeld des Kulturmanagers: „Der Kulturmanager ist eigentlich ein Katalysator. Er löst Reaktionen aus. Seine Hauptaufgabe besteht darin, die richtigen Leute zusammenzubringen, den richtigen Regisseur mit dem richtigen Dirigenten. Kombinationen, aus denen sich Spannungen ergeben" (Mortier 1991).

Geht man von diesem Ansatz aus, so wird unmittelbar deutlich, welche besonderen Anforderungen an ein entsprechendes Führungsverhalten im Kulturbetrieb gestellt werden müssen. Will der erfolgreiche Kulturmanager diese Rolle als „Katalysator" spielen, so bedarf es eines ganz speziellen Umgangs mit allen am künstlerischen und kulturellen Prozess beteiligten Menschen. Nur wer weiß, was die Menschen bewegt, kann sie bewegen. Die richtigen Menschen zusammenzubringen und dafür zu sorgen, dass sich produktive Prozesse entwickeln – darin liegt die wesentliche Rolle der Führungsaufgabe im Kulturbetrieb.

Aber: Die klassische Organisationstheorie, die sowohl in der staatlichen wie in der kommunalen Kulturbürokratie bzw. den als Regiebetrieben geführten Einrichtungen und auch in so manchen betriebswirtschaftlichen Managementlehren fortlebt, hat indes vielfach den Menschen aus den Augen verloren. „Strukturen", „Positionen", „Stellenbeschreibungen", „Organigramme", „Prozessoptimierungen" – alle diese Instrumente scheinen weit wichtiger als der einzelne Mensch in der Organisation. Oberste Aufgabe eines für den Kulturbetrieb adäquaten Motivations- und Führungskonzepts muss es dagegen sein, „Menschen durch gemeinsame Werte, Ziele und Strukturen, durch Aus- und Weiterbildung in die Lage zu versetzen, eine gemeinsame Leistung zu vollbringen und auf Veränderungen zu reagieren" (Drucker 2001: 19). Peter Drucker fordert daher weiter: „Das Management der Organisation muss jeden einzelnen Angehörigen in die Lage versetzen, sich im Gleichklang mit den sich wandelnden Erfordernissen und Möglichkeiten weiterzuentwickeln (...) Das Funktionieren der Organisation muss auf der *Kommunikation* und der *individuellen Verantwortung* beruhen" (Drucker 2001: 28). Es geht also nicht nur darum, dass sich die Kultureinrichtung selbst weiter entwickelt, sondern ebenso darum, dass jede einzelne Mitarbeiterin, jeder einzelne Mitarbeiter das Gefühl hat, sich selbst, ganz persönlich in der Kultureinrichtung weiterentwickeln zu können.

Gerade im personalintensiven Kulturbetrieb – zu denken ist hier an die im künstlerischen Bereich tätigen Schauspieler, Sänger und Tänzer auf der Bühne, die Musiker im Orchester, die Lehrer in den Musikschulen und die Kursleiter an den Volkshochschulen usw., aber auch an die vielen im Kulturmanagement und Servicebereich Beschäftigten, also alle „Ermöglicher" von Kunst und Kultur – kommt den Mitarbeiterinnen und Mitarbeitern die entscheidende Bedeutung zu. Dies nicht zuletzt deshalb, um das Publikum, die Besucher und Nutzer des jeweiligen Kulturbetriebs möglichst optimal zu erreichen. Denn mittlerweile hat sich auch in der allgemeinen Managementtheorie die Überzeugung durchgesetzt, „dass nur durch zufriedene Mitarbeiter auch zufriedene Kunden gewonnen werden können" (Bruhn 1999: 235).

Lustlos spielende Musiker, die möglichst noch vor oder während des Schlussapplauses demonstrativ die Instrumente einpacken und den Orchestergraben verlassen; schwunglos agierende Schauspieler, die ohne Spielfreude die vierunddreißigste Abonnementvorstellung „herunterreißen"; unzureichend vorbereitete Kursleiter in der Volkshochschule; knurrige Musikschullehrer, die sich nicht genügend auf die unterschiedlichen Kinder einstellen; unfreundliches Kassen- und Garderobenpersonal im Theater, unhöfliche Aufsichten im Museum – sie alle können dem Besucher den Kunstgenuss gründlich verderben und vor allem verhindern, dass der Besucher gerne wiederkommt, (und darüber hinaus sich auch die Freude an der eigenen Arbeit gründlich vermiesen!).

Wie sieht die Wirklichkeit der Kulturbetriebe in Deutschland aus? „Im Kultursektor – so kann man vielerorts den Eindruck gewinnen – geht es alles andere als kultiviert zu", schreibt das Branchenmagazin *Kulturmanagement Network* im April 2008 und weiter: „Arbeitsplatzsorge, schlechte Bezahlung oder mangelnde Mitsprache sind eher die Regel als die Ausnahme. Da werden PraktikantInnen für ihre Leistungen in Langzeitpraktika nicht honoriert, Stellen immer nur kurzfristig besetzt, Mitarbeiter mit Aufgabenclustern betraut, die sie weder bewältigen können, noch für die sie richtig geschult wurden. Da können sich Fach- und Führungskräfte nicht den neuen Aufgaben entsprechend weiterbilden oder müssen dies in ihrer Freizeit und selbst finanziert bewerkstelligen. Mitarbeiter werden in Projekten verschlissen und müssen nach Projektende die Organisation wieder verlassen – mit ihnen geht das gesamte Know-how an Kontakten und persönlichen Beziehungen. Das muss sich der nächste Mitarbeiter wieder mühsam erarbeiten. Das kostet Zeit und Geld (...) Wie sehr dies bei den derzeitigen Herausforderungen – rückläufige öffentliche Förderung oder schwindendes Publikumsinteresse – eine ganze Organisation gefährdet, scheint den wenigsten bewusst zu sein" (vgl. KM 2008: 1).

1.2 Eine systemische Sicht der Kulturorganisation

Allen diesen im Kulturbetrieb leider immer häufiger festzustellenden Fehlentwicklungen kann nur mit einem überzeugenden Konzept von „Leadership" begegnet werden (ein Begriff, der sich in der Organisations- und Managementtheorie mittlerweile auch in Deutschland eingebürgert hat und deshalb im Folgenden anstelle des etwas sperrigen bzw. vorbelasteten Begriffs „Führung" verwendet werden soll). Unter Leadership werden hier zunächst ganz allgemein alle besonderen Merkmale und Eigenschaften von Führung verstanden, mit deren Hilfe es gelingt, Mitarbeiterinnen und Mitarbeiter von Visionen, Zielen, Werten oder Handlungsweisen zu überzeugen. „Ein wesentlicher Punkt von Führung heutzutage ist", schrieb der Unternehmensberater Roland Berger schon 1993, „unterschiedliche Fähigkeiten in einem Team in Richtung auf eine Vision zu mobilisieren, der man sich verpflichtet fühlt" (Berger 1994: 30). Anders gesagt: „Führen heißt, einen Mitarbeiter bzw. eine Gruppe unter Berücksichtigung der jeweiligen Situation im Rahmen der Leitidee der Organisation auf gemeinsame Werte und Ziele der Organisation hin zu beeinflussen" (Stroebe/Stroebe 1997: 10). Im weiteren

Fortgang des Buches wird dies an dieser Stelle zunächst so allgemein Formulierte genauer zu spezifizieren sein.

Allerdings sei bereits hier ausdrücklich darauf hingewiesen, dass unter „Leadership" keineswegs (wie vor allem in den USA so häufig) vorwiegend das Handeln einer einzelnen herausragenden Führungsperson verstanden wird, sondern ganz im Gegenteil das Verständnis des interaktiven, sich gegenseitig bedingenden Handeln von Personen in Organisationen. Deshalb wird in den ersten beiden Kapiteln der (Kultur-)Organisation und ihrem besseren Verständnis so viel Raum gegeben. Diese Gegenseitigkeit und Interdependenz, von der im Folgenden grundlegend ausgegangen wird, wird ganz im Sinne des Organisationstheoretikers Kets de Vries verstanden, der diesen Zusammenhang einmal so zugespitzt wie zutreffend beschrieb: *„Wir* und die Führer, *die wir uns erschaffen"* (de Vries 1998: 19).

Es geht im Folgenden also nicht um die Frage, was „die ideale" Führungskraft ausmacht, und auch nicht um die Vermittlung von „Rezept-Wissen" bzw. die Weitergabe von „Tipps und Tricks", wie sie in der einschlägigen managerialen Ratgeberliteratur leider häufig vorkommen. Es geht vielmehr um ein grundlegendes Verständnis von Kulturorganisationen und der in ihnen Tätigen und die Frage, wie die Kulturorganisation idealerweise aufgestellt sein sollte, um optimal ihre Aufgaben zu erfüllen. In diesem Sinne wird unter Leadership sehr viel mehr ein Organisations- und Führungs*prinzip* einer Kultureinrichtung verstanden als das „heroische" Handeln eines einzelnen herausragenden „Führers" (vgl. hierzu ausführlich und kritisch Baecker 1994). Es kommt demnach weniger darauf an, dass eine oder einer möglichst optimal „führt", sondern dass die Rahmenbedingungen und Prozesse in einer Kultureinrichtung so verbessert werden, dass jede und jeder Einzelne möglichst optimal zum Gelingen der Vision beitragen kann. Die an dieser Vision orientierte *Selbststeuerung* der Mitarbeiter einer Kultureinrichtung kann durchaus als das Ziel dieses Ansatzes verstanden werden.

Zugrunde gelegt wird im Folgenden daher eine *systemische* Sicht der Kultureinrichtung (d. h. eine Position, die die Kultureinrichtung explizit als ein *System* begreift). Hierauf wird im dritten Kapitel ausführlicher eingegangen. An dieser Stelle sollen nur knapp – und zwar zum besseren Verständnis des Folgenden – die wesentlichen Grundannahmen einer spezifisch systemischen Sicht von Organisation skizziert werden:

- Organisationen funktionieren nicht wie perfekt konstruierte „Maschinen" (obwohl genau dies das Ziel der klassischen Organisationstheorien wie der Bürokratietheorie von Max Weber oder des *Scientific Management* eines Frederick W. Taylor war), sondern sie führen ein mehr oder weniger autonomes Eigenleben. Sie sind daher auch nicht direkt beeinflussbar und auch nicht gänzlich durchschaubar.

1.2 Kulturorganisation systematisch 13

- Organisationen reproduzieren sich vor allem mittels Kommunikation ständig selbst und sie sind in permanenter Veränderung begriffen. Sie schaffen immer neue Orientierungs- und Ordnungsgefüge in Form von erinnerter Geschichte, von strukturell festgehaltenen Erfolgen und aufeinander abgestimmten Wahrnehmungsmustern und Erwartungshaltungen. Was z. B. für eine *Führungskraft* ein Problem des Personalkostenabbaus ist, kann für einen *Mitarbeiter* ein Arbeitsplatzverlust sein. Das Verhalten einer *Kollegin*, das die anderen „karrieristisches Ellenbogenverhalten" nennen, kann für einen *Vorgesetzten* „Durchsetzungsfähigkeit" bedeuten usw. (Neuberger 2002: 597). Es kommt also ganz wesentlich auf die jeweilige Perspektive und Sichtweise an.
- Das so gemeinsam kommunikativ konstruierte „Selbstverständnis" einer Organisation verdichtet sich in „Sinnkonstrukten" und „Weltbildern" (vgl. Berger/Luckmann 1977), die aus der Innensicht als Leitbilder in die Umwelt projiziert werden. Interne Ordnungsstrukturen, Sinnkonstrukte (vgl. Klein 2007: 143) und Weltbilder verleihen den Mitgliedern innerhalb der Organisation Sicherheit und Stabilität, behindern unter Umständen aber gleichzeitig das Reagieren auf Veränderungen in einer dynamischen, sich rapide verändernden Umwelt. Dies kann durchaus zu „neurotischen Organisationskulturen" führen.
- Organisationen können nicht nur aus Not und auf Druck von außen lernen, sondern auch proaktiv, indem sie sich selbst und ihre jeweiligen Umwelten aktiv und kreativ umgestalten (vgl. Königswieser/Hillebrand 2007: 35; ausführlich: Baecker 1999).

Die Entscheidung für eine systemische Orientierung hat weitreichende Konsequenzen, denn „systemische Ansätze der Führung sind (...) ein frontaler Angriff gegen das Heldenverständnis von Führung. Die dominante Macher-Perspektive und das hierarchische Einflussmonopol werden ersetzt durch eine Orientierung, die von anonymen, verstreuten, selbständigen Einflusszentren ausgeht (...) Der systemische Ansatz geht aus von der unbewältigbaren Komplexität lebender (und sozialer) Systeme, die er nicht zu ‚trivialisieren' sucht, indem er sie z. B. in eindeutige und beherrschbare Ursache-Wirkungs- oder Mittel-Zweck-Beziehungen zerlegt" (Neuberger 2002: 593; vgl. auch Baecker 1994).

Diese Position beinhaltet auch eine andere Betrachtungsweise von Management generell als allgemein üblich. Manageriale Rationalität kann unter diesen Prämissen nicht länger in Anspruch nehmen, die Zukunft vorauszusehen und im Hinblick hierauf die perfekte (Kultur-)Organisations-„Maschine" zu konstruieren. Management ist aus dieser Perspektive „in seinen besten Momenten nichts anderes als die Fähigkeit, Irritationen in Ordnungen und Verfahren umzusetzen, die für weitere Irritationen empfänglich und empfindlich bleiben. *Management ist die Fähigkeit, mit Ungewissheit auf eine Art und Weise umzugehen, die diese bearbeitbar macht, ohne das Ergebnis mit Gewissheit zu verwechseln*" (Baecker 1994: 9, Hervorhebung A.K.).

Diese Sicht der Dinge hat auch die Konsequenz, nicht die *Kulturorganisation* als Ganze und ihre Erfordernisse in den Vordergrund zu stellen, sondern vielmehr *jeden einzelnen Mitarbeiter* mit seinen individuellen Bedürfnissen und spezifischen Beiträgen zum Gelingen des Ganzen. Die beiden Organisationsberater Thomas J. Peters und Robert Waterman, die sich zu Beginn der achtziger Jahre in Industrie und im Dienstleistungsbereich auf die *Suche nach Spitzenleistungen* (so der Titel ihres Bestsellers) machten, kamen aufgrund zahlreicher empirischer Untersuchungen exzellenter Unternehmen zu einer Maxime, die auch im Kulturbereich ihre Gültigkeit hat: „Behandele Menschen wie Erwachsene. Behandele sie wie Partner; behandele sie mit Würde und Achtung. Behandele *sie* – nicht Investitionen oder Automation – als die wichtigste Quelle für Produktivitätssteigerung" (Peters/Waterman 1994: 276; Hervorhebungen A.K.). Es kommt aus dieser Sicht also ganz entscheidend auf die Einzelne, den Einzelnen in der Kulturorganisation und ihren bzw. seinen Beitrag zum Gelingen des Ganzen an, damit das System Kulturorganisation optimal arbeiten kann und der Einzelne ein Höchstmaß an persönlicher Zufriedenheit entfalten kann.

„Bei den exzellenten Unternehmen war nichts häufiger zu spüren als die Achtung vor dem Einzelnen. Diese Grundhaltung war allgegenwärtig. Aber wie bei so vielen anderen Dingen", schreiben Peters/Waterman weiter, „kommt auch diese Haltung nicht in *irgendeiner* Einzelheit zum Ausdruck und zur Wirkung – in *einer* Annahme, Überzeugung oder Aussage, *einem* Ziel, *einer* bestimmten Wertvorstellung oder *einem* System oder Programm. Lebendig erhalten wird diese Idee in den Unternehmen durch eine Vielzahl struktureller Hilfsmittel, Systeme, Stile und Werte, die sich alle wechselseitig verstärken und diesen Unternehmen ihre außerordentliche Fähigkeit verleihen, *mit ganz gewöhnlichen Menschen außergewöhnliche Ergebnisse zu erzielen* (...) Diese Unternehmen geben ihren Mitarbeitern die Möglichkeit, ihr Geschick selbst zu beeinflussen; sie vermitteln den Menschen einen *Sinn*. Sie machen aus Lieschen und Otto Müller Erfolgsmenschen. Sie lassen es zu, dass Mitarbeiter sich hervortun, ja, sie drängen sogar darauf." Die Betonung liegt hier auf „ganz gewöhnliche Menschen", denn jede Kultureinrichtung muss mit den Mitarbeitern leben, die da sind – es kommt also vor allem darauf an, was alle Beteiligten daraus machen!

Neben der prinzipiellen Wertschätzung jedes einzelnen Mitarbeiters und seines Beitrags zum Gelingen des Ganzen als einer wesentlichen Grundvoraussetzung für eine erfolgreiche Kulturorganisation, ist zweitens die Vermittlung von *Sinn*, der Aufbau und die Entwicklung einer *Vision* in Bezug auf die eigene Tätigkeit die zentrale Aufgabe einer entsprechenden Führungskonzeption. Dies

1.2 Kulturorganisation systematisch 15

ist daher die große Aufgabe des Leiters eines Museums, eines Intendanten im Theater, eines Musikschulleiters: Jedem einzelnen Mitarbeiter immer wieder deutlich zu machen, wie sein eigener, möglicherweise noch so scheinbar geringer Beitrag von so großer Bedeutung für das Gelingen des Ganzen ist. Eine genervte Musikschulsekretärin, die tagtäglich nur die Anrufe unzufriedener Eltern entgegennehmen und sich mit den Lehrern über die Stundenplaneinteilung herumärgern muss, wird sicherlich sehr viel weniger motiviert sein, als diejenige, der deutlich ist, wie wesentlich ihr spezifischer Beitrag zum Gelingen des Gesamtunternehmens Musikschule ist. Und schließlich: Ohne die Tätigkeit des Bühnenarbeiters, der für den sicheren Stand der Kulissen sorgt, keine große Oper!

Allerdings sind auch Peters und Waterman keineswegs naiv oder blauäugig; sie „plädieren nicht dafür, dass Mitarbeiter in Watte gepackt werden sollen. (Sie) plädieren für die illusionslose Achtung vor dem Einzelnen und die Bereitschaft, ihn weiterzubilden, ihm vernünftige und klare Ziele zu setzen und ihm in der Praxis so viel an Freiraum einzuräumen, dass er an seinem Platz einen eigenen Beitrag leisten kann" (Peters/Waterman 1994: 276). Das ist eine der zentralen Aufgaben des Managements und des Leadership in jeder Kultureinrichtung.

Auf die herausragende Bedeutung des Zusammenhangs zwischen dem eigenen Beitrag zum Gelingen und entsprechende Anreize durch die Organisation hatte bereits Ende der dreißiger Jahre ein früher Pionier der modernen Organisationstheorie, Chester Barnard, hingewiesen. Im Zentrum seiner Überlegungen im Rahmen der Anreiz-Beitrags-Theorie, auf die später eingegangen werden soll, steht die Erkenntnis, dass durch die Leitung der jeweiligen Organisation der „Sinn" für den Gesamtzusammenhang vermittelt werden muss. Nur dann ist der Einzelne auch bereit, seine entsprechenden Beiträge zum Ganzen zu leisten.

Die bedauerlicherweise nicht zuletzt auch in Kultureinrichtungen so häufig zu beobachtende „Zweitrangigkeit von Personalfragen" (Luhmann 2006: 280) hat ihre tiefen Wurzeln in der klassischen Organisationstheorie und somit eine relativ lange Geschichte. Kets de Vries gibt eine plausible Begründung sowohl für das Entstehen wie das zähe Fortdauern dieser wegen ihrer mangelnden Tauglichkeit eigentlich längst überholten Ansätze: „It's much easier to deal with *structures* and *systems* than with *people*" (de Vries 2001: XXI, Hervorhebungen A.K.).

Auch Niklas Luhmann kritisiert diese Denk- und Veränderungsfaulheit in vielen Organisationen, wenn er schreibt: „Denn Organisationspläne und Aufgabenbeschreibungen lassen sich leicht, praktisch mit einem Federstrich ändern. Dagegen ist das Agglomerat von individuellen Selbsterwartungen und Fremderwartungen, das als ‚Person' identifiziert wird, schwer, wenn überhaupt umzustellen. Das liegt nicht zuletzt am zirkulären Zusammenspiel von Selbst- und Fremderwartungen. Selbst wenn der Einzelne bereit wäre, sich zu ändern, sieht er sich durch die sozialen Erwartungen festgelegt, mit denen er sich tagtäglich konfrontiert findet; und ebenso treffen veränderte Anforderungen immer noch auf dieselbe Person, die für viele soziale Kontakte ihre Identität wahren muss. Personales und soziales Gedächtnis verfilzen so stark, dass eine planmäßige Änderung kaum jene Asymmetrie herausfinden kann, die sie bräuchte, um ihren Hebel anzusetzen. So lag es verständlicherweise nahe, Änderungsversuche nicht hier, sondern bei den Organisationsplänen und Aufgabenbeschreibungen anzusetzen und davon auszugehen, dass die Personen als Individuen den veränderten Realitäten irgendwie folgen würden" (Luhmann 2006: 280). Und wenn sie ihnen nicht folgten? Umso schlimmer für die Realitäten und die Individuen!

Die klassische Organisationstheorie zeichnet sich durch einen „conspicious neglect of the people who are the principal actors in these organizations" (de Vries 2001: XXI) aus. Sie wirkt nach wie vor in der Bürokratie als Organisationsform wie auch in der öffentlichen Kulturverwaltung, also in vielen Kulturämtern und Ministerien, fort. Auch hat sie nach wie vor in den in Rechtsform des Regiebetriebs geführten Kultureinrichtungen, also großen Staats- und Stadttheatern, Museen, Musik- und Volkshochschulen usw., Geltung und ist Bestandteil nicht weniger theoretischer Ansätze im Management. Es lohnt sich daher, einen kurzen Blick auf die klassischen Organisationstheorien zu werfen – und zwar nicht aus historischen Gründen, sondern zum einen, um zu verstehen, wie lange die alten Denkweisen und Muster schon fortbestehen, und zum zweiten, warum die darauf fußenden traditionellen Motivations- und Führungstheorien in der Regel zu kurz greifen. Dieses zu-kurz-Greifen hat darüber hinaus unmittelbare Konsequenzen für die heute immer drängendere Veränderung von Kultureinrichtungen hin zu „exzellenten Kulturbetrieben" Klein 2007) – bzw. die oft zu beobachtende scheinbare Unmöglichkeit dieser Veränderung.

Doch der Mensch, das Individuum, die Person war und ist stärker als alle Entwürfe, die von der großen, zu konstruierenden sozialen „Maschine" ausgehen. Ziel des vorliegenden Ansatzes ist es deshalb „to bring the person back into the organization" (de Vries 2001: XXI).

An dieser Stelle ist allen jenen Mitarbeiterinnen und Mitarbeitern zu danken, mit denen ich in vielen Jahren der Praxis im Kulturbereich gemeinsam diesen Führungsstil lernen und erfolgreich praktizieren konnte. Zu danken ist allen jenen, die in vielen Seminaren und Diskussionen mit ihrer Kritik und ihren Beiträgen geholfen haben, diesen Ansatz zu entwickeln und theoretisch zu fundieren. Besonderer Dank gilt meinen MitarbeiterInnen im Ludwigsburger Institut für Kulturmanagement, Yvonne Pröbstle und Simon A. Frank, die den Text kritisch gelesen haben sowie schließlich wie so oft Ulrike Moser, ohne die dieses Buch nicht seine Gestalt gefunden hätte.

2 Blick zurück: Der Mensch in der klassischen Organisationstheorie

Die Frage des richtigen „Leadership" stellt sich überhaupt nur in Organisationen; „Motivation" und „Führung" werden erst dort zu einem Problem, wo Arbeitsteilung vorherrscht. Der einzelne Kreative bzw. Kulturschaffende muss weder „geführt" noch „motiviert" werden, er bezieht seine Antriebe aus sich selbst heraus (bzw. ggf. auch nicht!). Erst dort, wo Kulturbetriebe bzw. -organisationen, seien es Theater oder Museen, Musikschulen oder Volkshochschulen, seien es Kunstvereine oder soziokulturelle Zentren zwischen Künstler und Publikum treten und unter entsprechenden Rahmenbedingungen für die Produktion und Distribution von Kunst und Kultur sorgen, tauchen bestimmte Probleme auf, wie sie in Organisationen und Betrieben allgemein zu beobachten sind, seien es nun wirtschaftliche Betriebe, Krankenhäuser, Gewerkschaften oder welche Form von Organisation auch immer. Anders gesagt: Organisationen müssen ganz bestimmte Probleme lösen, völlig unabhängig davon, ob sie Kunst und Kultur, Autos, Schuhe, Waschmaschinen oder Sicherheit produzieren. Und seit es Organisationen im modernen Sinne (also etwa ab dem 18. Jahrhundert in Europa) gibt, haben sich Organisationstheoretiker bemüht, diese Probleme zu analysieren und Lösungen dafür zu finden.

Der folgende Blick zurück auf die Entstehung der modernen Organisationstheorie interessiert hier weniger aus historischen Gründen als vielmehr aus durchaus aktuellen: Nach wie vor prägt das Menschenbild der klassischen Organisationstheorien – bewusst oder vor allem unbewusst – auch heute noch die Vorstellungen vieler Führungskräfte. Wenn sich auch im Einzelnen die Bezeichnungen und Begrifflichkeiten „modernisiert" haben mögen, so stecken dahinter häufig noch die alten Denkmuster. Besonders deutlich wird das in der Bürokratietheorie, denn nach wie vor sind viele Kultureinrichtungen wie Ministerien und Kulturämter, aber auch Institutionen wie Museen, Theater, Volks- und Musikschulen nach dem Muster der klassischen Bürokratie organisiert, die Ende des 18. Jahrhunderts entwickelt wurde – und verhalten sich immer noch so. So ist der Blick zurück gleichzeitig ein kritischer Blick in die Gegenwart – und auf ihre entsprechenden Probleme.

2.1 Der Traum von der „großen Maschine": Scientific Management

Der Handwerker, der sein Produkt von Anfang bis zum Ende selbst gestaltete, musste, wenn überhaupt, nur einen einzigen Menschen bzw. überschaubar Wenige motivieren: nämlich sich selbst bzw. vielleicht noch seine wenigen Gesellen. Und „führen" brauchte er auch kaum, es sei denn, er hat einige wenige Mitarbeiter. Dies änderte sich ganz nachdrücklich, als sich in den Manufakturen bzw. im Zuge der sog. „Industriellen Revolution" Arbeitsteilung in großem Stil durchzusetzen begann.

Mit „Industrieller Revolution" wird jene Phase beschleunigter technologischer, ökonomischer und sozialer Veränderungen bezeichnet, die in der 2. Hälfte des 18. Jahrhunderts in Großbritannien – in den meisten europäischen Staaten, Nordamerika und Japan etwa ein Jahrhundert später, also Mitte des 19. Jahrhunderts – einsetzte. Vor allem die Entstehung der industriellen Großunternehmung brachte einen immens wachsenden Koordinations- und damit Organisationsbedarf mit sich. „Bis dahin prägte die Person des Eigentümerunternehmers in den überschaubaren kleinen Handels-, Handwerks- und Industriebetrieben ganz überwiegend die Art und Weise, wie die Arbeiten koordiniert wurden. Der Unternehmer steuerte ‚seinen' Betrieb nach eigenen Vorstellungen; der direkte Kontakt zum Personal machte allgemeine Regelungen zur Verteilung von Kompetenzen und Funktionen überflüssig" (Steinmann/Schreyögg 1991: 25).

Als dann in England die Industrielle Revolution einsetzte, entstand ein rasch wachsender Bedarf an Managementleitfäden zur Gestaltung der neuartigen Fabriken. Bereits in seinem 1835 erschienen Buch *The Philosophy of Manufactures* stellte ein Autor namens Andrew Ure bestimmte Regeln zur Organisation der Arbeit und zur Stellenbesetzung auf, wenn er schreibt: „Das Prinzip des Fabriksystems ist es, das Geschick des Arbeiters durch mechanische Wissenschaft zu ersetzen und den Arbeitsprozeß in seine wesentlichen Bestandteile zu zerlegen, um eine Arbeitsteilung zwischen den Arbeitern herbeizuführen. In der handwerklichen Fertigung war die mehr oder weniger qualifizierte Handarbeit gewöhnlich das teuerste Element der Fertigung (...) In der automatischen Werkstatt wird die angelernte Arbeit mehr und mehr verdrängt und wird schließlich durch reine Maschinenaufseher ersetzt. Aufgrund der Unzuverlässigkeit der menschlichen Natur kommt es vor, daß gerade die geschicktesten Arbeiter die eigensinnigsten und die am schlechtesten zu führenden sind. Demzufolge sind sie auch die am wenigsten passenden Bestandteile eines mechanischen Systems, in dem sie durch gelegentliche Irregularitäten dem Ganzen großen Schaden zufügen können. Das größte Ziel des modernen Manufakturiers ist es deshalb, durch die Vereinigung von Arbeit und Wissenschaft die Aufgaben dieser Arbeiter auf die Ausübung von Handfertigkeit und Wachsamkeit zu reduzieren" (zit. nach Kieser

1993: 66). Die Vertreibung des Menschen, der Person, aus dem Arbeitsleben war damit von Anfang an vorprogrammiert.

In diesem Zitat aus dem ersten Drittel des 19. Jahrhunderts sind bereits nahezu alle Stichworte versammelt, die in den nächsten Jahrzehnten die Entwicklung des sog. „Scientific Managements" bestimmen sollten. Dieses begriff sich in erster Linie als „mechanische Wissenschaft", als „Ingenieurswissenschaft", d. h. im Vordergrund des Interesses dieser Organisationsansätze stand die soziale „Maschine" und ihre möglichst optimale Konstruktion. Der Mensch – also hier in Gestalt des Arbeiters – wurde mehr oder weniger nur noch als Anhängsel der Maschine begriffen, der im besten Falle den ordnungsgemäßen Ablauf derselben überwacht, im negativen Falle als Störenfried hervortritt.

Grundlage all dieser Überlegungen war die Vorstellung bzw. das anthropologische Weltbild des Menschen als eines „Homo oeconomicus" („economic man" erstmals 1888 von John Kells erstmals 1888 in seiner „History of political Economy" erwähnt und dann in seiner lateinischen Variante 1906 von Vilfredo Pareto in seinem „Manuale d'economica politica"). Bezeichnet wird mit diesem Begriff ein Akteur, der

- ausschließlich eigeninteressiert,
- völlig *rational* handelt,
- seinen Nutzen maximiert,
- auf *Restriktionen* reagiert,
- feststehende Präferenzen hat
- und über *vollständige Informationen* über das Marktgeschehen verfügt (vgl. z. B. Gabler Wirtschaftslexikon 1993: 1537; ausführlich Dietz 2005; Kirchgässner 1991; Manstetten, 2002).

Zunehmend wurden dieses Menschenbild bzw. dieser „ingenieurhafte" Ansatz aus der Sphäre der *Produktions*organisation auf die *Unternehmens*organisation insgesamt übertragen. So heißt es etwa in einem 1874 in Zürich erschienen „praktischen Leitfaden" von J. J. Bourcart mit dem Titel: *Die Grundsätze der Industrie-Verwaltung*: „Ein industrielles Geschäft ist am besten mit einer *Uhr* zu vergleichen, bei der ein Rad ins andere eingreift und die zuletzt dem Eigenthümer auch zeigt, was die Glocke geschlagen. Die Arbeit des Verwalters gleicht ganz derjenigen des Uhrenmachers, der das Räderwerk einzurichten, in Gang zu setzen und zu reguliren hat." Im Vordergrund steht die Maschine, das Uhrwerk; der Mensch wird auch hier nur noch als störender Faktor wahrgenommen. So heißt es in dem Leitfaden an anderer Stelle: „Die Angestellten, die Gehülfen wechseln, ein Verwalter folgt dem anderen; aber das Geschäft soll nicht darunter leiden, das Erfahrene nicht vergessen, seinen Gang fortgehen und immer verbessern. Dazu gehört eine gute Tradition, und diese einzuführen ist keine Kleinigkeit. Die Tendenz der Angestellten ist: unentbehrlich zu werden, wenn sie auch nicht mehr nützen. Der Angestellte bewirkt dies, indem er Alles im Kopfe behält und nichts bucht; er weiß dann Alles, und ohne ihn geht es gar nicht mehr. Aus diesem Grunde ist es wichtig, dass die Tradition einer Fabrik durch die Buchung geregelt und verstärkt werde. Stirbt oder geht morgen ein Angestellter fort, so läuft das Geschäft dann dennoch seinen ruhigen Gang fort. Deswegen ist das schriftliche Verfahren in der Industrie von so großer Wichtigkeit" (zit. nach Kieser 1993: 67). Diese Vorstellung prägte die ersten Entwürfe auch ausgearbeiteter Organisationstheorien.

Wie die Organisation dem einzelnen Mitarbeiter gegenübertritt, hängt somit ganz wesentlich von dem Menschenbild, d. h. den Annahmen über die „Natur des Menschen" ab, die in ihr vorherrschen. Die klassische Organisationstheorie – und mit ihr die Bürokratietheorie (vgl. unten), die so viele öffentliche Kultureinrichtungen auch heute noch prägt – behandelte über lange Zeit die Mitarbeiter zunächst völlig unpersönlich und ganz wie eine „Maschine" bzw. wie deren Teile – und viele Organisationen agieren noch heute so!

Der französische Ingenieur und Bergwerksdirektor Henry Fayol schrieb in seiner theoretischen, die Organisationstheorie für Jahrzehnte prägenden Grundlagenschrift *Administration industrielle et générale* Mitte der zwanziger Jahre des 20. Jahrhunderts u. a.: „Die Regel für die materielle Ordnung ist bekannt, sie lautet: *Einen Platz für jede Sache und jede Sache an ihren Platz.* Die Regel für die gesellschaftliche Ordnung ist analog: *Einen Platz für jede Person und jede Person an ihren Platz.*" Und weiter: „Um die soziale Ordnung durchzuführen, muss der angeführten Regel entsprechend, jedem Angestellten ein Platz vorbehalten sein und jeder Angestellte sich an dem Platz befinden, der ihm bezeichnet wurde. Die vollkommene Ordnung erfordert ferner, dass der Platz dem Angestellten entspricht und der Angestellte an diesen Platz passt. ‚The right man at the right place.' "

Ganz ähnlich stellte George Mooney, in den dreißiger Jahren Vizepräsident der *General Motors Corporation*, in seiner organisationstheoretischen Schrift *The principles of organization* fest: „The job as such is therefore antecedent to the man on the job", d. h. die unpersönliche Arbeitsplatzbeschreibung geht jeder Besetzung einer Stelle durch einen Menschen voraus. „Organisation heißt also formale Organisation, hat es mit den Beziehungen zwischen Stellen, nicht zwischen Menschen zu tun. (Dies heißt), daß die Integration der Menschen in eine gegebene Organisationsstruktur als ein Problem verstanden wird, das primär über die Befehlsgebung gelöst werden kann und soll", kommentieren die beiden Organisationswissenschaftler Steinmann und Schreyögg diese Haltung (Steinmann/Schreyögg 1991: 37 bzw. 39).

2.1 Scientific Management

Der Traum von der „lebenden Maschine" bzw. der „Maschinenartigkeit" von Organisationen liegt von Anbeginn an auch dem sog. *Scientific Management* zugrunde, das nach wie vor Kernbestand moderner Managementhandbücher ist. Diese explizit naturwissenschaftlich (so die korrekte Übersetzung von „scientific") begründete Managementlehre basiert auf einem ingenieurhaften Ansatz, der strukturell dem bürokratischen Modell, auf das gleich eingegangen werden soll, in gewisser Weise ähnelt. Die Idee einer explizit „mechanischen Wissenschaft" der Unternehmung wird dann das Kernprinzip der 1911 von Frederick W. Taylor in seinem Buch *Principles of scientific management* weiter entwickelten Theorie, das der ganzen Schule den Namen gab. Sein Ziel war es vor allem, exakte Prinzipien zum rationellen Einsatz von Menschen und Maschinen im Produktionsprozess – wo möglich nach explizit *natur*wissenschaftlichen Methoden – zu ermitteln. Dabei ging es ihm um die möglichst exakte Analyse der Arbeitsvorgänge, die Zerlegung der Arbeit in möglichst kleine Arbeitselemente mit der Möglichkeit der Spezialisierung der Arbeiter und der Messung der Zeit für deren bestmögliche Ausführung. Fast zwangsläufig mündete daher der „Taylorismus" in die Erfindung des Fließbandes, also direkt in den „Fordismus" industrieller Massenproduktion.

Fasst man das Menschenbild der klassischen Organisationstheorie zusammen, so lässt sich konstatieren:

- Die Effizienz einer Organisation ist hier fast ausschließlich sachtechnisch bestimmt, d. h. vorgeblich irrationale Elemente wie Freude, Sympathie, Zorn usw. stören nur den sachlichen Aufgabenvollzug und müssen so weitgehend wie möglich ausgeschlossen werden.
- Management hat es dieser Auffassung nach primär mit den formalen aufgabenbezogenen Handlungen der Mitarbeiter zu tun – der Mensch als Individuum, als Person kann und darf nicht interessieren, er ist lediglich ein Teil der großen sozialen Maschine (man denke zur Illustrierung dieses Gedankens nur an Charlie Chaplin in *Modern Times*).
- In Arbeitsgruppen kooperieren die Mitglieder der Gruppe auf einer rein sachlichen Basis – unabhängig von persönlichen Problemen und Eigenschaften.
- Effizienz ist nach dieser Vorstellung nur erreichbar, wenn sich die Organisationsmitglieder den klar definierten Aufgaben anpassen, wenn ihr Handeln einer unverfälschten Anwendung der generellen Regeln entspricht.
- Befehl und Gehorsam sind die adäquate Kommunikationsform, Kontrolle zentraler Bestandteil dieser Theorie.

2.2 „Verwaltete Kultur": Die Theorie der Bürokratie

„Wer Kultur sagt, sagt auch Verwaltung, ob er will oder nicht", seufzte Theodor W. Adorno (Adorno 1960: 144) schon zu Beginn der sechziger Jahre des 20. Jahrhunderts. In der Tat sind in Deutschland immer noch sehr viele Kultureinrichtungen in Formen der bürokratischen Organisation verfasst: als Regiebetriebe, als nachgeordnete Behörden in den Landesverwaltungen, als kommunale Ämter, als Abteilungen städtischer Kulturämter, als Eigenbetriebe usw. Diese Kultureinrichtungen folgen dadurch automatisch der *Institutionenlogik* bürokratischer Organisationen bzw. dem „Rationalitätstypus korporativer Selbsterhaltung" (Schulze 2005: 503). Der *Spiegel* spricht in diesem Sinne ganz direkt vom „Theater als Behörde"; für ihn „gleichen die öffentlich besoldeten Kultureinrichtungen zunehmend Dinosauriern, die langsam unter der eignen Last erstarren" (*Der Spiegel* 29, 2000) – wobei sich die Metapher vom „Dinosaurier" bemerkenswerterweise besonders oft gerade im Zusammenhang mit öffentlichen Kultureinrichtungen findet.

Die Kritik an der Bürokratie gehört heutzutage zum Standardrepertoire eines jeden von ihr Betroffenen – und das sind nahezu alle Gesellschaftsmitglieder in der einen oder anderen Form. Um ihren herausragenden Leistungen, aber auch ihren Beschränkungen gerecht zu werden, lohnt deshalb ein kurzer Blick in ihre Entstehungsgeschichte. Denn häufig wird übersehen, dass die Schaffung bürokratischer Organisationen in ihrer Entstehungszeit zweifelsohne ein höchst aufklärerischer, ja geradezu revolutionärer Akt war. Der Soziologe Max Weber, der wie kein anderer das Phänomen der Organisation untersucht hat, wurde nicht müde, auf den spezifisch rationalen Grundzug bürokratischer Ordnungen hinzuweisen.

Man muss sich dabei vor Augen halten, dass trotz ihrer heutzutage schieren Allgegenwärtigkeit Phänomen und Begriff der sog. „Bürokratie" historisch noch nicht länger als etwas mehr als 200 Jahre existieren. „Als in dem sich herausbildenden absolutistischen Zentralstaat Frankreichs ein Verwaltungsapparat aufgebaut wurde – in erster Linie zum Eintreiben der Steuern – wurde dieser als eine revolutionäre Neuerung angesehen", schreibt der Organisationswissenschaftler Alfred Kieser und weiter: „Erst im 19. Jahrhundert setzte jene starke Verbreitung des Verwaltungsapparates ein (...) In der zweiten Hälfte desselben Jahrhunderts entstanden auch die ersten großen Industrieunternehmen, deren Verwaltungen nach ähnlichen Prinzipien gestaltet waren wie die öffentlichen; die Angestellten dieser Unternehmen wurden noch *Beamte* genannt, und in vielen Fällen kamen sie auch aus dem Staatsdienst, dessen Organisationsprinzipien sie auf die Unternehmungsverwaltungen übertrugen" (Kieser 1993: 37).

2.2 „Verwaltete Kultur"

In seiner *Geschichte der Bürokratie in Deutschland* ist Bernd Wunder der Entstehung des Begriffes Bürokratie genauer nachgegangen. Er schreibt dazu: „Als der Aufklärer Melchior Grimm (1723-1807) im Sommer 1764 in seiner *Literarischen Korrespondenz*, durch die er deutsche Fürstenhöfe mit kulturellen Neuigkeiten aus Paris versorgte, auch von der damaligen Diskussion über die Freigabe des Getreidehandels in Frankreich berichtete, klagte er, der für den Freihandel eintrat, über die Reglementierungssucht der Regierung und erinnerte an einen Ausspruch des einige Jahre zuvor verstorbenen Vincent de Gournay. Gournay habe diese Krankheit der Schreibstuben und Kanzleien ‚bureaumanie' genannt und manchmal sogar von einer vierten oder fünften Regierungsform gesprochen, die er, so Grimm, ‚bureaucratie' nannte. (...) Die Wortschöpfung, die sich durch ihre Anlehnung an die antike Lehre der Herrschaftsformen den Anstrich des Seriösen gab (...), erfuhr seit der Errichtung des napoleonischen Herrschaftssystems und insbesondere im Vormärz in Frankreich wie in Deutschland eine ungeheure Verbreitung" (Wunder 1986: 7).

Auch wenn es angesichts sowohl der historischen als auch der aktuellen Kritik an bürokratischen Strukturen auf den ersten Blick abwegig erscheinen mag, so ist die moderne Bürokratie dennoch ein Kind der Aufklärung. Sie ist dies gleich im doppelten Sinne: Zum einen in ihrem Bestreben, soziales Zusammenleben möglichst „rational", also vernünftig, zu organisieren, zum anderen aber auch in ihrem Bemühen, diese Art der Herrschaft möglichst „gerecht" zu gestalten. *Effizienz* einerseits und *Gerechtigkeitsstreben* andererseits sind also die Grundpfeiler der modernen Bürokratie.

Der Soziologe Max Weber, der sich als erster ganz ausgiebig mit dem Phänomen der Bürokratie in der modernen Gesellschaft auseinander gesetzt hat, nennt drei Legitimationsgründe für Herrschaft innerhalb einer Gesellschaft, nämlich „Charisma", „Tradition" und „Legalität" und ordnet diesen dementsprechend drei verschiedene Herrschaftsformen, nämlich die charismatische, die traditionelle sowie die legale Herrschaftsform zu. Sein Schluss: Nur im Rahmen der *legalen* Herrschaft hat die Legitimitätsgeltung explizit *rationalen* Charakter, da sie „auf dem Glauben an die Legalität gesetzter Ordnungen und des Anweisungsrechts der durch sie zur Ausübung der Herrschaft Berufenen" ruht. Gehorsam wird dementsprechend der „legal gesatzten sachlichen unpersönlichen Ordnung und dem durch sie bestimmten Vorgesetzten kraft formaler Legalität seiner Anordnungen und in deren Umkreis" entgegengebracht (Weber 1972: 124). Man stimmt dieser Ordnung genau deshalb zu, weil sie rational, also vernünftig begründet ist.

Die reinste Form *legaler* Herrschaft ist daher die Bürokratie. „Webers zentrale These ist", so Schreyögg, „dass mit der bürokratischen Organisationsform das effizienteste Instrument gefunden wurde, um die komplexe Handlungssituation in Großorganisationen zu steuern *und* den Gehorsam der vielen Mitglieder sicherzustellen (...) Kernpunkt ist die Existenz einer durch generelle Regeln geschaffenen Ordnung (Organisationsstruktur) und die Anerkennung dieser Ordnung durch die Organisationsmitglieder" (Schreyögg 1998: 32) Sowohl die hohe Effizienz wie auch die allgemeine Anerkennung erreicht die Herrschaftsform der Bürokratie paradoxerweise gerade aufgrund ihrer grundlegenden Unpersönlichkeit. „Die Bürokratie in ihrer Vollentwicklung steht in einem spezifischen Sinn auch unter dem Prinzip des ‚sine ira et studio' ", schreibt Max Weber. „Ihre spezifische Eigenart entwickelt sie um so vollkommener, je mehr sie sich ‚entmenschlicht'; je vollkommener, heißt das hier, ihr die spezifische Eigenschaft, welche ihr als Tugend nachgerühmt wird: die Ausschaltung von Liebe, Hass und allen rein persönlichen, überhaupt allen irrationalen, dem Kalkül sich entziehenden, Empfindungselementen aus der Erledigung der Amtsgeschäfte gelingt. Statt des durch persönliche Anteilnahme, Gunst, Gnade, Dankbarkeit bewegten Herrn der älteren Ordnungen verlangt eben die moderne Kultur, für den äußeren Apparat, der sie stützt, je komplizierter und spezialisierter sie wird, desto mehr den menschlich unbeteiligten, daher streng ‚sachlichen' Fachmann. Alles dies aber bietet die bürokratische Struktur in günstiger Verbindung" (Weber 1972: 563).

Weber arbeitete seinerzeit die wesentlichen Merkmale bürokratischer Organisation heraus, wie sie auch heute noch Gültigkeit besitzen, also die Anstellung durch Arbeitsvertrag, die fixierten Laufbahnen einschließlich Gehaltshierarchie, die Regelgebundenheit der Amtsführung, genau abgegrenzte Kompetenzbereiche, die Unpersönlichkeit der Amtsführung, definierte Qualifikationserfordernisse der Stelleninhaber, das Prinzip der Amtshierarchie (Instanzenzug), damit verbunden den Dienst- und Beschwerdeweg sowie schließlich die Aktenmäßigkeit der Verwaltung (Büro).

Dirk Baecker sieht gerade im „Gebot der Schriftlichkeit" bzw. der „Aktenförmigkeit" das „Herzstück" der Bürokratie: „Bürokratie, die Herrschaft des Büros: das ist letztlich nichts anderes als die Einführung der Bedingung, dass jede relevante Entscheidung Aktenform annehmen muss, dass relevant nur das ist, was Aktenform hat, und dass jede Änderung der Relevanzbedingungen eine aktenförmige Entscheidung voraussetzt. Ein trickreicheres Instrument zur Abschottung von eben dadurch erst ermöglichten Entscheidungsvorgängen ist selten erfunden worden. Entscheidung folgt auf Entscheidung, wenn und nur wenn sie als Aktenvorgang darstellbar und fixierbar ist" (Baecker 1994: 23).

Auch die Effizienz bürokratischer Organisation beruht also vor allem auf ihrer „Maschinenartigkeit", wie sie bereits in der klassischen Organisationstheorie aus der Wirtschaft betont wurde. Dies heißt, dass das Netz der Behörden und die Aufgabenbereiche innerhalb einer Behörde, bis hinunter zu den einzelnen Stellen, planvoll so konstruiert werden können, dass Reibungsverluste minimiert werden. Die Mitglieder einer bürokratisch strukturierten Verwaltung sind nach Weber „Paragraphen-Automaten", deren Arbeitsergebnis ebenso berechnet werden kann, wie man die voraussichtliche Leistung einer Maschine kalkuliert. Diese Konstruktion setzt allerdings voraus, dass tatsächlich ein optimaler Konstruktionsplan entwickelt werden kann, der flexibel genug ist für alle Eventualitäten und unvorhersehbare Ereignisse – und genau dies scheint nach neuerer Auffassung unmöglich zu sein. Hierauf wird zurückzukommen sein.

Ein weiterer Grund für die überlegene technische Effizienz der Bürokratie ist die in ihr verwirklichte Arbeitsteilung, die es ermöglicht, Arbeitsanforderungen und Qualifikationen, d. h. die Spezialisierung der Beamten aufeinander abzustimmen; dies wiederum führt zu einer Kumulierung des Fachwissens bei den jeweiligen Spezialisten. Die Arbeitsteilung, die sowohl horizontal, d. h. getrennt nach verschiedenen Aufgabenfeldern, als auch hierarchisch, d. h. vertikal verläuft, bewirkt also eine wichtige Trennung der Ebenen. Und zur Effizienz von Bürokratien trägt schließlich bei, dass den Beamten jeglicher Eigensinn ausgetrieben wird. Sie sind auf formalen Gehorsam festgelegt, der den Einzelnen so handeln lässt – wie Max Weber schreibt – „als ob er den Inhalt des Befehls um dessen Selbst willen zur Maxime seines Verhaltens gemacht habe und zwar lediglich um des formalen Gehorsamsverhältnisses halber, ohne Rücksicht auf die eigene Ansicht über den Wert oder Unwert des Befehls als solchen" (Weber 1972: 123). Voraussetzung dieses formalen Gehorsams ist eine umfassende Disziplinierung, d. h. in der Bürokratie hat der Beamte die Amtsgeschäfte von seiner eigenen Person zu trennen; er ist zu „unbeirrter Sachlichkeit" angehalten.

Gerade der letzte Punkt markiert allerdings auch bereits die Probleme bzw. Grenzen bürokratischer Leistungen. Sehr weitsichtig klagte einhundert Jahre vor Max Webers Analysen der Begründer der kommunalen Selbstverwaltung in Deutschland, Freiherr vom Stein, in einem kritischen Brief aus dem Jahre 1821, „daß wir fernerhin von *besoldeten Buchgelehrten, interessenlosen, ohne Eigenthum seyenden Buralisten* regiert werden (...) Diese 4 Worte enthalten den Geist unserer und ähnlicher geistlosen Regierungsmaschinen; *besoldet,* also Streben nach Erhalt und Vermehrung der Besoldeten; – *buchgelehrt,* also lebend in der Buchstabenwelt, und nicht in der wirklichen; – *interessenlos,* denn sie stehen mit keiner der den Staat ausmachenden Bürgerklasse in Verbindung; sie sind eine Kaste für sich, die Schreibkaste; – *eigenthumslos,* also alle Bewegungen des Eigenthums treffen sie nicht; es regne oder scheine die Sonne, die Abgaben steigen oder fallen, man zerstöre alte hergebrachte Rechte, oder lasse sie bestehen, (...) alles das kümmert sie nicht. Sie erheben ihren Gehalt aus der Staatskasse und schreiben, schreiben, schreiben im stillen mit wohlverschlossenen Thüren versehenen Bureau, unbekannt, ungerühmt und ziehen ihre Kinder wieder zu gleich brauchbaren Schreibmaschinen an" (zit. nach Kieser 1993: 38). Mit dieser Kritik sollte er nicht alleine stehen.

Der Rationalisierungsprozess hat – so die berühmte Kritik von Max Weber selbst – aus den Organisationen jene „stahlharten Gehäuse" werden lassen, die ein Eigenleben führen, die wuchern und sich verfestigen, die vom Mittel der Daseinsbewältigung zu selbstständigen Zwecken werden. Sie engen den Bewegungsspielraum des Menschen ein, stellen seine Entscheidungsfreiheit und Selbstverantwortung in Frage. Dies betrifft zunächst die Mitglieder bzw. Mitarbeiter bürokratischer Organisationen selbst, dann aber auch die von ihren Entscheidungen betroffenen Bürger.

„Geronnener Geist", so warnt Max Weber mit einigem Pathos, „ist jene lebende Maschine, welche die bürokratische Organisation mit ihrer Spezialisierung der geschulten Facharbeit, ihrer Abgrenzung der Kompetenzen, ihren Reglements und hierarchisch abgestuften Gehorsamsverhältnissen darstellt. Im Verein mit der toten Maschine ist sie an der Arbeit, das Gehäuse jener Hörigkeit der Zukunft herzustellen, in welche vielleicht dereinst die Menschen sich (...) zu fügen gezwungen sein werden, wenn ihnen eine rein technisch gute und das heißt: eine rationale Beamtenverwaltung und -versorgung der letzte und einzige Wert ist, der über die Art der Leistung ihrer Angelegenheit entscheiden soll" (Weber 1972: 825).

2.3 Stütztheorien: Motivationstheorien

Aufgrund ihrer Natur halten die Menschen – den theoretischen Annahmen der klassischen Organisationstheorie nach – nicht immer die Vorschriften ein und müssen deshalb genau kontrolliert werden und Rechenschaft über ihre Arbeit ablegen. Den Organisationsmitgliedern fehlt der Überblick zur eigenverantwortlichen Gestaltung ihrer wechselseitigen Arbeitsbeziehungen; deshalb bedürfen sie der Anleitung durch ein Regelwerk und der Führung durch Vorgesetzte. Arbeitsfreude kommt da selten auf!

In den späten zwanziger und frühen dreißiger Jahren des 20. Jahrhunderts erkannte man – nach anfänglichen Erfolgen, wie etwa durch die Einführung des Fließbandes – die Grenzen des oben dargestellten Scientific Managements. Wie ökonomisch erfolgreich der sog. Taylorismus auch war, so umstritten war dieses System auch von Anbeginn an, denn im Taylorismus wurde „von allen personellen Aspekten abstrahiert, um, so die Begründung, bei der Entwicklung eines logischen Plans für die Aufgabenverteilung die Rationalität der Aufgabenerfüllung zu sichern" (Kieser 1981: 29). Die Kritikpunkte waren dabei vor allem die wachsende Entfremdung des Menschen von seiner Arbeit, die Teilung und dadurch Sinnentleerung der Arbeit, die einseitigen (vor allem körperlichen) Belastungen durch immer wiederkehrende gleiche Bewegungsformen (Monotonie), der minimale Arbeitsinhalt und die dadurch bewirkte Unterforderung der physischen und psychischen Möglichkeiten des Menschen sowie schließlich die Disziplinierung und Überwachung der Arbeiter mit der Folge der Fremd- statt der Selbstbestimmung.

Diese eher theoretische bzw. abstrakte Kritik erhielt bereits Ende der zwanziger Jahre ihre empirische Unterfütterung. Bezeichnenderweise geschah dies im Zusammenhang mit Versuchen, das Scientific Management konsequent weiter zu entwickeln und zu optimieren. 1927-1932 wurde in den sog. *Hawthorne-Experimenten* (benannt nach dem Untersuchungsgegenstand, dem *Hawthorne-Werk* in Chicago) zunächst ganz im Sinne des Taylorismus versucht, die Arbeitsleistung der dort Beschäftigten durch eine Verbesserung der äußeren, d. h. physischen Einflussfaktoren (also vor allem Wärme und Beleuchtung) zu verbessern, um so eine höhere Arbeitsleistung zu erzielen. Zum großen Erstaunen stellte man allerdings fest, dass sich die Arbeitsproduktivität der Mitarbeiterinnen sowohl bei einer *Verbesserung* als auch bei einer *Verschlechterung* der Bedingungen *positiv* veränderte. Wie passte dies mit der Theorie zusammen, die ein Sinken der Arbeitsleistung bei einer Verschlechterung der Arbeitsbedingungen erwarten ließ? Die ganze Angelegenheit war äußerst rätselhaft, und man suchte lange Zeit nach einer Lösung.

Erst nach der Einschaltung einer Harvard-Forschungsgruppe unter der Leitung von Elton Mayo erkannte man, dass die Ursache für die Produktivitätssteigerungen weitgehend im emotionalen bzw. psychologischen Bereich lagen. Denn bei genauerer Betrachtung der Mitarbeiterinnen und Mitarbeiter konstatierten die Forscher, dass man stolz darauf war, „Teil einer wichtigen Gruppe zu sein, der die freundliche Aufmerksamkeit des Vorgesetzten und der Forscher galt. Dies förderte die Beziehungen untereinander, und man konnte die Isolation großbetrieblicher Industriearbeit überwinden" (Schreyögg 1998: 50; zu dem gesamten Komplex der *Hawthorne-Experimente* vgl.: Roethlisberger/Dickinson 1939).

In der Folge wandte die Organisations- und Managementtheorie ihr Augenmerk zunehmend auf den Faktor Mensch und entwickelte eine ganze Reihe von sog. *Motivationstheorien*. „Der Mensch" kam quasi durch die Hintertür in die Organisationstheorie und sollte in den entsprechenden Motivationstheorien sein Plätzchen finden. Diese Motivationstheorien fungieren somit quasi als „Stütztheorie" der klassischen Organisationstheorie, ohne freilich die Prämissen der klassischen Organisationstheorie, den „Traum von der großen Maschine" aufzugeben.

„Motivation geht auf das lateinische *movere* (= bewegen) zurück und soll Aufschluss geben über die Beweggründe des Handelns und Verhaltens eines Menschen. Ziele von Motivationstheorien sind Beschreibung und Erklärung des Aufbaus, der Aufrechterhaltung und des Abbaus von Verhalten sowie dessen Richtung, Intensität und Dauerhaftigkeit"; sie „ist Voraussetzung für zielorientiertes Verhalten" (Staehle 1994: 204). Dementsprechend versucht die Motivationspsychologie „zu ergründen, wodurch ‚Bewegung ausgelöst wird'. Mit anderen Worten: Motivationspsychologie erklärt Richtung, Intensität und Ausdauer menschlichen Verhaltens" (Nerdinger 1995: 9). In einer etwas groberen Unterscheidung lassen sich zwei Arten von Motivationstheorien unterscheiden: die sog. (1) inhaltlichen Theorien und die (2) Prozesstheorien (vgl. hierzu etwa Steinmann/Schreyögg 1991: 407-450), in einer etwas differenzierteren (1) Inhaltstheorien, (2) Prozesstheorien, (3) gleichheitstheoretische und (4) attributionstheoretische Motivationsmodelle (vgl. z.B. Staehle 1994: 304ff).

1. *Inhaltliche* Motivationstheorien befassen sich mit ganz konkreten inhaltlichen Motiven, die das Verhalten eines Individuums steuern (so z. B. das Bedürfnis nach Sicherheit, Anerkennung, gerechter Entlohnung usw.). Die wohl bekannteste inhaltliche Motivationstheorie ist die sog. *Bedürfnispyramide* des Psychoanalytikers Abraham H. Maslow (Maslow 1981), der die menschlichen Bedürfnisse in einer Pyramide darstellt: (a) auf der untersten Ebene umfassen *physiologische Bedürfnisse* umfassen das basale menschliche Verlangen nach Essen, Trinken, Kleidung und Wohnung; (b) das *Sicherheitsbedürfnis* ergibt sich auf der nächst höheren Ebene aus dem menschlichen Verlangen von Schutz vor unvorhersehbaren Ereignissen des Lebens; (c) die *sozialen Bedürfnisse* umfassen das Streben nach Gemeinschaft, Zusammengehörigkeit und befriedigenden sozialen Beziehungen; (d) die *Wertschätzungsbedürfnisse* drücken den Wunsch nach Anerkennung und Achtung aus, und schließlich (e) spiegeln auf der höchsten Ebene die *Selbstverwirklichungsbedürfnisse* das Streben nach Unabhängigkeit, nach persönlicher Entfaltung, nach gestaltsetzenden Aktivitäten wider. Der Maslowsche Ansatz baut dabei auf zwei Thesen auf: (1) Das sog. *Defizitprinzip* besagt, dass Menschen danach streben, unbefriedigte Bedürfnisse zu befriedigen; ein befriedigtes Bedürfnis entfaltet dagegen keine Motivationskraft mehr. Wenn ein Individuum also ein Bedürfnis als sichergestellt betrachtet, hört dieses auf, handlungsmotivierend zu sein (Wer satt ist, will nicht mehr weiter essen). (2) Das sog. *Progressionsprinzip* behauptet, dass menschliches Verhalten grundsätzlich durch das hierarchisch niedrigste unbefriedigte Bedürfnis motiviert wird. Der Mensch versucht also zunächst, seine physiologischen Bedürfnisse zu befriedigen; ist dies geschehen werden die nächsthöheren Motive (z. B. Sicherheitsmotive) aktiviert usw. (vgl. zusam-

menfassend Steinmann/Schreyögg 1991: 420-423). Der Leiter einer Kultureinrichtung sollte also möglichst genau über die Bedürfnisse seiner Mitarbeiter und ihre Abhängigkeit voneinander Bescheid wissen. Müssen die Mitarbeiter der Kultureinrichtung ständig um die Sicherheit ihrer Arbeitsplätze bangen, werden sie sich kaum zur Befriedigung von Selbstverwirklichungsbedürfnissen aufschwingen können.

Eine weitere Inhaltstheorie ist die *Zwei-Faktoren-Theorie* von Frederick Herzberg, die nicht auf der Basis theoretischer Überlegungen (wie bei Maslow), sondern auf empirischen Erhebungen basiert. In der sog. Pittsburgh-Studie (Herzberg 1968: 53-62) wurden Ingenieure und Buchhalter nach angenehmen und unangenehmen Arbeitssituationen befragt. Es stellte sich heraus, dass es zwei Klassen von Faktoren gibt, die angenehme bzw. unangenehme Arbeitssituationen generieren: (1) Es gibt die sog. *Hygiene-Faktoren* (Unzufriedenmacher), die zwar Unzufriedenheit verhindern, aber keine Zufriedenheit generieren (wie z. B. Unternehmenspolitik, Personalführung, Entlohnung, Arbeitsbedingungen). Wo sie schlecht sind, sind die Mitarbeiter unzufrieden; wo sie vorhanden sind, müssen die Mitarbeiter deshalb noch keineswegs zufrieden sein. (2) Daneben gibt es die sog. *Motivatoren* (Zufriedenmacher), d. h. Faktoren, die Zufriedenheit herstellen können (wie z. B. Leistung, Anerkennung, interessante Arbeitsinhalte, Verantwortung, Aufstiegsmöglichkeiten usw.). Herzbergs zentrale Erkenntnis: „Das Gegenteil von Unzufriedenheit sei nicht Zufriedenheit, sondern das Fehlen von Unzufriedenheit (analog: keimfreies Wasser verhindert Krankheiten, macht aber nicht gesund)" (Staehle 1994: 211). Will der Leiter einer Kulturorganisation also zufriedene Mitarbeiter haben, muss er zwei Schritte tun: Zunächst dafür sorgen, dass die sog. Hygienefaktoren zur Zufriedenheit der Mitarbeiter sind, und vor allem zweitens herausfinden, was die spezifischen Motivatoren in seiner Einrichtung sind.

Eine weitere Inhaltstheorie ist die *Leistungsmotivationstheorie* von David McClelland (McClelland 1961), der von drei Bedürfnissen ausgeht: (a) dem *Leistungsstreben* (need for achievement), (b) dem *sozialen Streben* (need for affiliation) und (c) dem *Machtstreben* (need for power). Er erklärt das Leistungsmotiv zum zentralen für eine Organisation und formuliert folgende Arbeitsschritte hin zur Motivation: (1) Lerne, wie ein Leistungsmotivierter denkt, redet und handelt, (2) lerne höhere, aber dennoch realistische Arbeitsziele für die nächsten zwei Jahre zu formulieren, (3) entwickle Selbsterkenntnis und (4) entwickle einen Gruppen-Esprit de Corps (Staehle 1994: 213-215).

2. *Prozesstheorien* der Motivation versuchen, den Prozess der Entstehung, Ausrichtung und Energieladung von Verhaltensweisen zu erklären. Voraus-

gesetzt wird dabei ein kognitives, zukunftsorientiertes Individuum, das aufgrund von Erwartungen über Anstrengungs-Ergebnis-Verknüpfungen ganz bewusst seine Entscheidungen („Wenn ich mich so verhalte, wird das oder jenes passieren") trifft. Im Mittelpunkt der Prozesstheorien stehen die beiden Begriffe der *Valence* (Wertigkeit) und der *Force* (Kraft). Individuelles Verhalten erklärt sich demgemäß aus der psychologischen Kraft, die auf eine Person in Richtung auf ein Ziel wirkt. Hinzu kommt als drittes der Begriff der *Erwartung* (expectancy), der die wichtigsten Prozesstheorien prägt. Als Grundmodell der neueren Prozesstheorien kann die *Valenz-Instrumentalitäts-Erwartungs-Theorie* von Victor H. Vroom (Vroom 1964) angesehen werden. Diese Theorie versteht Motivation „als *Prozess*, der die Wahl zwischen verschiedenen (freiwilligen) Alternativen bestimmt" (Vroom 1964: 6), d. h. dass die Individuen diejenigen Alternativen wählen, die ihren subjektiv erwarteten Nutzen maximieren. Daraus folgt, dass eine bestimmte Leistung nur dann erbracht wird, wenn damit ein gewünschtes *Ziel* erreicht wird. Ob ein Individuum eine bestimmte Leistung tatsächlich erbringt, ist also nicht – wie in den Inhaltstheorien unterstellt – durch seine prädisponierten Bedürfnisstruktur verursacht, „sondern auch situativ abhängig von der Wahrnehmung des relativen Nutzens der Leistung für die individuelle Zielerreichung" (Staehle 1994: 217).

Die zentralen Begriffe dieser Theorie (vgl. hierzu ausführlich Staehle 1994: 221; Steinmann/Schreyögg 1991: 410-419) sind (a) *Valenz* (Wertigkeit); diese meint die affektive Orientierung des Menschen gegenüber den Ergebnissen einer Handlung (outcome) (Frage: „Wie wichtig sind mir die Ziele, die ich mit Arbeitsergebnissen erreichen kann?"). Gemessen wird das Ausmaß der Attraktivität eines Ergebnisses für ein Individuum; (b) *Instrumentalität*; sie meint die Erwartung, dass das *Ergebnis 1* eines bestimmten Verhaltens zur Erreichung der erwünschten Ziele (*Ergebnis 2*) führt (Frage: „Welche meiner Ziele kann ich mit den verschiedenen Leistungsgraden erreichen?"). Ergebnisse der 1. Ebene sind – entgegen der Annahmen vieler Inhaltstheorien – kein Selbstzweck, sondern gewinnen ihren Wert (Nutzen) für das Individuum erst durch ihre Eigenschaft, positiv bewertete Ergebnisse der *2. Ebene* (Bedürfnisse) zu befriedigen; (c) *Erwartungen*: diese hegen die Menschen über die Wahrscheinlichkeit, dass auf eine bestimmte Handlung ein bestimmtes Ergebnis folgen wird (Frage: „Kann ich die erwünschte Leistung erbringen?"). Gemessen wird dabei die subjektive Wahrscheinlichkeit, dass mit einer bestimmten Anstrengung ein bestimmtes Ergebnis (Aufgabenziel) erreicht wird (*Erwartung 1*) und dass die mit dem Erreichen des Aufgabenziels verknüpfte (versprochene) Belohnung auch erzielt wird (*Erwartung 2*).

„Das Erwartungs-Valenz-Modell fordert dazu auf, Motivation als Verknüpfungsproblem zu formulieren, nämlich als Verknüpfung von organisationalen und individuellen Zielen. Eine hohe Motivation – so die Implikation – ist nur dann erreichbar, wenn es dem Management gelingt, die Aufgabenziele und das dazugehörige Anreizsystem so auszulegen, dass mit ihrer Erreichung zugleich die individuellen Ziele und Wünsche erfüllbar werden. Es muss sichergestellt werden, dass die Aufgabenziele tatsächlich erreichbar sind, dass die in Aussicht gestellten Anreize zuverlässig der erbrachten Leistung folgen und dass die Verknüpfung mit den Individualzielen im Hinblick auf solche Ziele geschieht, die von den Individuen auch tatsächlich hoch geschätzt werden" (Steinmann/Schreyögg 1991: 418).

3. *Attributionstheoretische* Motivationsmodelle; nach diesen Modellen ist das Verhalten von Individuen eine Funktion der vier Faktoren Fähigkeit, Anstrengung, Aufgabe oder Glück. Das individuelle Verhalten ist dann davon abhängig, ob der Erfolg oder der Misserfolg, der mit früherem Verhalten verbunden war, auf *interne* Faktoren (z. B. Fähigkeit, und/oder Anstrengung) oder auf externe Faktoren (z. B. Aufgabe und/oder Zufall) zurückgeführt wird.

2.4 Zusammenfassung: Kritik des instrumentellen Ansatzes der Organisationstheorie

Nach wie vor entfaltet die klassische Organisationstheorie, die im Wesentlichen zu Beginn des 20. Jahrhundert entwickelt und seither durchaus modifiziert wurde (etwa durch die Entwicklung stützender Motivationstheorien), auch heute noch z. B. in der Organisationsform der Bürokratie, aber auch in bestimmten organisationstheoretischen Ansätzen eines Scientific Management ihre Wirkungen. Es sind durchaus ihre Leistungen zu konstatieren, aber ebenso sind auch ihre Schwächen nicht zu übersehen, die im Folgenden ganz bewusst pointiert zugespitzt werden, um sie in einen erkennbaren Kontrast zu einer *systemischen* Sicht der Dinge (vgl. hierzu nächstes Kapitel) zu setzen.

Die klassische Organisationstheorie basiert in ihren Grundannahmen auf einem eher mechanistischen Weltbild, wie es vor allem die Naturwissenschaften seit Mitte des 19. Jahrhunderts entwickelt haben. Somit teilt es auch dessen Probleme.

- Diese Grundannahmen bedingen ein Festhalten an einer unerschütterlichen Objektivität der Dinge und Fakten; es gibt die „*eine* Wahrheit" und zu be-

obachtende, unveränderliche (Natur-)Gesetze und kausale Wenn-Dann-Beziehungen.
- Aus den kausalen Wenn-Dann-Beziehungen können lineare Kausalketten abgeleitet werden (z. B. „Tue A, um B zu erreichen"!).
- Dies bedingt auch eindeutige Dichotomien in „richtig" und „falsch", in „wahr" und „unwahr".
- Es lässt sich ein linearer Fortschritt beobachten und messen.
- Instrumentarien bei der Konstruktion von Hypothesen und Theorien sind formale Logik, Widerspruchsfreiheit und Ausschluss.
- Im Vordergrund der Beobachtung und Messungen in Organisationen stehen harte Fakten und rationale Beziehungen.
- Die Rollen, die in einer solchen Organisation zu vergeben sind, sind die der „Macher", der „Führer" und der „Geführten" und der „Ausführenden".
- Die angewandten Methoden sind Instruktion, Anordnung, Befehl, Lernen durch Versuch und Irrtum („trial and error").

Diese Herangehensweise war sicherlich geeignet, die Probleme des ausgehenden 19. und des beginnenden 20. Jahrhundert zu lösen, nicht aber die einer sich immer rascher wandelnden Gesellschaft. „Hierarchien fingieren lediglich den Besitz jener Kompetenzen, die sie großzügig und vertrauensvoll den Nachgeordneten ‚übertragen'. Sie schreiben sich zu, was sie nicht haben, um es theatralisch an jene weiter zu reichen, die es ohnehin haben (...) Der Macher-Mythos stilisiert Führungskräfte zu Sozialingenieuren, die ihre Unterstellten als Maschinen oder Objekte betrachten, für deren reibungsloses Funktionieren sie verantwortlich sind" (Neuberger 2002: 612).

Die Entwicklung seit Beginn des 20. Jahrhunderts brachte der amerikanische Organisationstheoretiker Henry Mintzberg (Mintzberg 1983) schon vor über zwanzig Jahren zugespitzt und sarkastisch auf den Punkt.

- Zunächst gab es *einen* Entscheider und *ein* Ziel – das war die Entstehungszeit und Erfolgsgeschichte der großen bürokratischen, aber auch industriellen Organisationen nach dem Vorbild der bürokratischen Organisation;
- dann hatte man es zu tun mit *einem* Entscheider und *vielen* Zielen – d. h. die bürokratischen Organisationen und wirtschaftlichen Unternehmungen wurden zunehmend gezwungen, ihren Zielkatalog zu erweitern, um überleben zu können;
- darauf hin gab es *viele* Entscheider und *viele* Ziele; dieser Prozess wurde beeinflusst einerseits durch die Demokratisierung von Bürokratien bzw. die Mitbestimmung in industriellen Organisationen, andererseits durch den wachsenden Einfluss der sog. „Stakeholder";

2.4 Zusammenfassung: Kritik des instrumentellen Ansatzes

- und schließlich stehen gegenwärtig viele Organisationen vor dem Problem, dass es *viele* Entscheider und (zumindest scheinbar) *kein* (klares) Ziel mehr gibt.

Um es an einem Beispiel aus dem Kulturbetrieb zu sagen. Über viele Jahrzehnte waren die Ziele eines Museums nach internationaler Übereinkunft – niedergelegt etwa in den Statuten von *ICOM* – klar und eindeutig bestimmt: (1) *Sammeln*, (2) *Bewahren*, (3) *Erforschen* und (4) *Präsentieren*. Damit waren die Aufgaben und Geschäftsfelder bestimmt, auf denen die Museen agierten und ihren jeweiligen Auftrag erfüllten. In den letzten Jahrzehnten hat sich das Spektrum der Museumsaufgaben und seiner Ziele allerdings enorm erweitert. Die Museen sollen zusätzliche eigene Einnahmen generieren, sie sollen mit Schulen und anderen Bildungseinrichtungen kooperieren, sie sollen ins Stadtmarketing integriert werden und im Zuge des Kulturtourismus Touristenströme anlocken, sie sollen Orte des Events sein, neue Zielgruppen erschließen und besucherorientiert arbeiten, die Standortqualität erhöhen und das Stadtimage verbessern und was sonst noch alles (vgl. hierzu Kotler/Kotler 1998).

Den „Entscheidern" in der Organisation Museum (im Theater, der Volkshochschule, in der Stadtbibliothek ist es wenig anders) fällt es unter diesen Bedingungen zunehmend schwerer, die *Ziele* – die ausgesprochenen wie vor allem die unausgesprochenen – überhaupt zu erkennen, sie in eine Hierarchie und in einen sinnvollen, bearbeitbaren Zusammenhang zu bringen. Und als sei diese Aufgabe nicht schwer genug, ändern sich häufig die Zielvorgaben in immer kürzer werdenden Zeitabständen. Weil die öffentlichen Haushalte immer enger werden, fallen im laufenden Haushaltsjahr zugesagte Zuwendungen unter Sparvermerke, können frei werdende Stellen nicht wieder neu besetzt werden usw.

Folgt man dieser Darstellung, so wird schnell deutlich, dass insbesondere die bürokratische Organisationsform zunehmend an ihre Grenzen stößt:

- Sie kann nicht schnell genug auf die immer komplexere und differenziertere Umwelt reagieren, die sich noch dazu immer schneller weiter verändert.
- Die bürokratische Organisation kann vor allem nicht schnell genug „lernen", um dem Wandel gerecht zu werden.
- Sie reagiert mit Instrumenten und Mitteln der Vergangenheit auf Probleme und Herausforderungen der Gegenwart und vor allem einer immer rascher näher kommenden Zukunft.
- Sie ist also immer weniger in der Lage, Kunst und Kultur zu ermöglichen. Dies erfahren Kultureinrichtungen seit zwei, drei Jahrzehnten besonders schmerzhaft angesichts einer privatwirtschaftlichen Konkurrenz, die – anders organisiert – sehr viel schneller reagieren kann.

Somit ist die bürokratische Organisationsform aus zwei Gründen wenig geeignet, die tief greifenden Herausforderungen und Probleme der öffentlichen Kultureinrichtungen wirklich zu lösen.

Erstens liegt (und lag schon immer) in den unterschiedlichen Logiken von Kunst- und Kulturproduktion einerseits, öffentlicher Verwaltung andererseits, ein Gegensatz, den Theodor W. Adorno treffend auf den Punkt bringt, wenn er schreibt: „Kultur ist der perennierende Einspruch des Besonderen gegen die Allgemeinheit (...) Verwaltung aber repräsentiert notwendig, ohne jede subjektive Schuld und ohne individuellen Willen, das Allgemeine gegen jenes Besondere." Und er schließt: „Das Gefühl des Windschiefen, Unvereinbaren im Verhältnis von Kultur und Verwaltung heftet sich daran" (Adorno 1960: 106).

Und zweitens stößt die bürokratische Organisationsform – und dies völlig unabhängig von ihrem spezifischen Anwendungsbereich Kunst und Kultur – generell an die systemimmanenten Grenzen wachsender Umweltkomplexität und unklarer Zielsetzungen.

Francine Séguin zieht daraus für die (in ihrem Fall: kanadischen) Kulturorganisationen weitreichende Konsequenzen und formuliert die Anforderungen, die auf Kulturorganisationen zukommen, die zukunftsfähig sein wollen: „The organizations we have known up to now, whether in the public or private sector or even in the non-profit sector, have often been either highly bureaucratic or extremely regimented and rigid. We must now transform these bureaucratic organizations in order to make them much more flexible and capable of responding rapidly to new needs as they arise. The organizations we have known have also been highly centralized, with little real involvement of core members. We have to reconsider the structures of organizations in order to make them much more decentralized, and, thus, more capable of mobilizing our forces. The organizations we have known have been staffed by people lacking in versality. What we need now are organizations in which versality is made an integral part of the work organization. Whereas past organizations were characterized by an institutional focus, we must now foster organizations with a strong network focus. Finally, the organizations we have known were typically inward looking organizations, primarily concerned with responding to the needs of their own members. In the future, our organizations must turn their focus outward, toward their customers" (Séguin 1998: 26).

3 Perspektivenwechsel: Der Mensch als Ausgangspunkt

Der Mensch als Person und Individuum spielte, wie dargestellt, in den klassischen Organisationstheorien des Scientific Management und der Bürokratietheorie eine völlig untergeordnete Rolle. Arbeitsplatzbeschreibungen, Stellenkontingente, Organigramme, Prozessabläufe – der Mensch war (bzw. ist) in einem solchen Denken lediglich ein Rädchen in einer großen Maschine, die möglichst reibungslos zu funktionieren hat. Kafka, der seine Romane und Erzählungen zur gleichen Zeit schrieb, als die klassischen Organisationstheorien entwickelt wurden, lässt grüßen! Erst als die Theorie mit der Wirklichkeit kollidierte (das Beispiel der Hawthorne-Experimente) wurden im Zuge der sog. *Human-Relations-*Bewegung entsprechende Motivationstheorien entwickelt, die es erlauben sollten, nach wie vor an den traditionellen Theorien festzuhalten, erweitert allerdings um entsprechende „Stütztheorien", die den Mensch und seine Bedürfnisse „irgendwie" berücksichtigen und mit der Organisation einigermaßen versöhnen sollten. Zeitgleich mit den ersten Motivationstheorien entstand allerdings Ende der 30er Jahre ein theoretischer Neuansatz innerhalb der Organisationstheorie, der radikal den Menschen und seine Bedürfnisse in den Mittelpunkt aller Überlegungen stellte und der viele Erkenntnisse der heutigen Organisationstheorie vorweg nahm, ohne seiner Zeit entsprechend gewürdigt zu werden. Für die hier angestellten Überlegungen zum Leadership in Kulturbetrieben liefert dieser Neuansatz eine ganze Reihe grundlegender Erkenntnisse.

3.1 Der Neuansatz von Chester Barnard

Der Organisationstheoretiker und Unternehmensleiter Chester I. Barnard entwickelte, sowohl auf den empirischen Erkenntnissen der Hawthorne-Experimente wie auch auf dem Studium der organisationssoziologischen Theorien Max Webers und Talcott Parsons aufbauend, in seinem 1938 erschienen Buch *The Functions of the Executive* den damals völlig neuen Gedanken der Organisation als eines „kooperativen Systems", den Gedanken der Organisation als einer „Koalition von Individuen". Ganz im Gegensatz zu der Vorstellung der klassischen

Organisationstheorie, die von der Organisation als einer perfekt konstruierten „Maschine" träumte, richtete sich Barnard radikal gegen „die falschen Gewissheiten der klassischen Grundsätze" (Bonazzi 2008: 283). Für ihn ist jegliche Organisation keine Maschine, sondern „ein *System* von bewusst koordinierten Handlungen oder Kräften von zwei und mehr Personen" (Barnard 1938: 73). In dieser Definition ist bereits die *gemeinsame* Aufgabe als Zweck der Kooperation mit all den Wünschen, Zielen und Motiven der Menschen verbunden, deren individuelle Leistung für die Zielerreichung unabdingbar ist. Barnard geht es bei seinen Überlegungen somit ganz wesentlich um die Integration des Faktors Mensch. Er bringt drei daher grundlegend neue Elemente in die Organisationstheorie ein, die gerade für öffentliche Kulturorganisationen von zentraler Bedeutung sind (vgl. hierzu Schreyögg 1998: 46f.).

Wenn erstens davon ausgegangen wird, dass Organisationen ihre Existenz der bewussten und absichtsgeleiteten Bereitschaft der einzelnen Mitarbeiter zur Kooperation verdanken, dann muss die Frage nach dem Überleben von Organisationen unter dem Aspekt der *Erfüllung der Erwartungen der einzelnen Mitarbeiter mit ihrer Leistung für das gemeinsame Ziel* verbunden werden. In einer Organisation herrscht eben nicht, wie von der klassischen Organisationstheorie vorausgesetzt, bedingungslose Rationalität; diese ist vielmehr stark begrenzt, denn „der Mensch hat physische, psychische und kulturelle Grenzen, die ihn an der Verfolgung komplexer Ziele hindern. Um diese Grenzen hinauszuschieben, muss der Mensch Kooperationssysteme schaffen, die in der Lage sind, zwischen erwarteten Beiträgen und gebotenen Anreizen ein *angemessenes Gleichgewicht* herzustellen" (Bonazzi 2008: 289).

Wenn die individuellen, persönlichen Ziele der Mitarbeiter nicht oder dauerhaft nur unzureichend erfüllt werden, dann reduzieren diese ihre Leistungsbeiträge (die vielerorts auch in Kulturbetrieben zu beobachtende „innere Kündigung") oder scheiden gar ganz aus der Organisation aus (tatsächliche Kündigung). Um also dauerhaft überleben zu können, muss eine Organisation immer wieder ausreichend Anreize bereitstellen, um die Mitarbeiter zu (deren) Leistungen zu veranlassen (*Anreiz-Beitrags-Theorie*). „Eine Organisation ist effizient in dem Maße, wie es ihr (im Urteil der kooperierenden Individuen) gelingt, die individuellen Kooperationsmotive zu erfüllen. Sie ist effektiv in dem Maße, wie der gemeinsame Organisationszweck erfüllt wird" (Schreyögg 1998: 46). Ideal ist dabei ein Gleichgewicht zwischen *Anreizen* durch die Organisation für die Mitarbeiter und persönlichen *Beiträgen* der Mitarbeiter für die Organisation.

Barnard begreift eine Organisation zweitens nicht als ein geschlossenes System (also gerade nicht als die einmal konstruierte und fertig gestellte „große Maschine" des Scientific Management oder der Bürokratie), sondern als ein *offenes System*. Um ihren spezifischen Zweck erfüllen zu können, muss also eine

Organisation alle diejenigen Individuen zur Kooperation veranlassen, deren Handlungen für die Erreichung des gemeinsamen Zweckes immer wieder erforderlich sind. Eine strikte Grenzziehung zwischen „innen" und „außen", wie sie die klassische Organisationstheorie fordert, ist nicht möglich. Der Mitarbeiter eines Theaters oder eines Museums gibt seine privaten Probleme, die er möglicherweise mit der Familie oder mit Freunden hat, eben nicht beim Pförtner ab und widmet sich nur noch seiner inhaltlichen Arbeit. Diese Probleme beschäftigen ihn auch während seiner Tätigkeit im Theater – ob dem Intendanten das nun gefällt oder nicht.

Somit wird eine Organisation gleichsam als die Koalition aller kooperierenden Personen (*Koalitionstheorie der Organisation*) verstanden. Dieser *Stakeholder*-Ansatz (vgl. hierzu das vierte Kapitel), der alle diejenigen Personen und Einrichtungen einschließt, die ein genuines Interesse an der Organisation haben, ist in besonderem Maße für eine öffentliche Kultureinrichtung relevant, die ja von einer Vielzahl von Bezugsgruppen abhängt.

Der dritte weiterführende Gedanke Barnards ist die *Akzeptanztheorie der Autorität*. Da seiner Auffassung nach Organisationen von der bewussten und freiwilligen Bereitschaft der Mitglieder zur Kooperation abhängig sind, wird zum wichtigsten Indikator für das Vorliegen von Autorität innerhalb der Organisation die Entscheidung der einzelnen Mitarbeiter, einer Anordnung zu gehorchen – oder eben auch nicht. Wenn ein Mitarbeiter eine Anordnung nicht befolgt, dann hat er dieser keine Autorität zugestanden. Die Quelle der Autorität in einer Organisation ist also nicht etwa in der Persönlichkeit des Vorgesetzten (vgl. unten unter 4.2 sog. „Eigenschaftsansatz von Führung") zu suchen, sondern sie muss eine Quelle sein, die bereits durch die jederzeit revidierbare und freiwillige Anerkennung der Organisationsmitglieder legitimiert ist. Der Glaube an die Autorität beruht also – hier ist Max Webers Einfluss unübersehbar – auf der *freiwilligen Vereinbarung*. Weber selbst spricht von einer „paktierten" im Gegensatz zu einer „oktroyierten" Ordnung (Weber 1972: 19).

Barnard schreibt: „Wenn eine Kommunikation mit Anordnungscharakter von demjenigen, an den sie sich wendet, akzeptiert wird, ist ihre Autorität für ihn etabliert und bestätigt. Sie wird als Grundlage des Handelns anerkannt. Ungehorsam gegenüber einer derartigen Kommunikation ist für ihn eine Ablehnung ihrer Autorität. Daher liegt unter dieser Definition die Entscheidung darüber, ob ein Befehl Autorität besitzt oder nicht, bei den Personen, an die er sich wendet, und nicht bei den ‚Autoritätspersonen' oder denen, die Befehle erteilen. In letzter Analyse scheitert Autorität, weil Individuen in genügend großer Anzahl die mit dem Akzeptieren notwendiger Befehle verbundene Last als etwas ansehen, was das Vorteilsgewicht zu ihren Ungunsten verändert, und deshalb die unerlässlichen Eigenbeiträge verweigern oder zurückhalten" (zit. nach Weick 1985: 30).

Autorität heißt in diesem Konzept also das permanente Werben um Zustimmung zu Anordnungen bzw. das Erteilen von *akzeptablen* Anordnungen. Dies ist auch der Grundgedanke von gemeinsam erarbeiteten Zielvereinbarungen (vgl. Kapitel 6). Damit eine Organisation im Alltag reibungslos funktionieren kann (und nicht alles und jedes immer wieder neu diskutiert und begründet werden muss), geht Barnard von der Idee einer „*Indifferenzzone*" (d. h. der Vorstellung eines gewissen „Vertrauensvorschusses") aus, die der Organisation eine (gewisse) Stabilität verleiht und sie vor den Dysfunktionen jederzeitiger Revidierbarkeit schützt. Die Mitarbeiterinnen und Mitarbeiter haben einen großen Handlungsspielraum; sie kennen allerdings die „Leitplanken", die die Grenzen ihres eigenständigen Handelns markieren; umgekehrt kann der Vorgesetzte darauf vertrauen, dass die Mitarbeiter seine Anweisungen tatsächlich nach besten Kräften ausführen. Diese Zone darf aber nicht beliebig ausgedehnt bzw. der Vertrauensvorschuss kann nicht dauerhaft missbraucht werden, will man nicht riskieren, dass er von den Mitarbeitern aufgekündigt wird.

3.2 Die Organisation als Institution

Mit diesen Vorstellungen lag Chester I. Barnard Ende der dreißiger Jahre zunächst völlig außerhalb des Mainstreams der Organisationstheorie, die nach wie vor dem klassischen „Maschinen-Modell" folgte. Doch seit Beginn der fünfziger Jahre des letzten Jahrhunderts wurde alternativ mehr und mehr das Konzept der *begrenzten Rationalität* („bounded rationality") entwickelt. Basierten die klassischen Modelle der Organisationstheorie von Weber, Taylor, Fayol u. a. auf der absoluten Dominanz eines ganz bestimmten Konzeptes von Rationalität, nämlich der (technisch-naturwissenschaftlichen) Rationalität, so stellten als erste Herbert Simon und seine Schüler (z. B. Cyert, March u. a.) in den fünfziger Jahren des 20. Jahrhunderts eben diese Prämisse (und damit die auf ihr fundierten Konzepte) radikal in Frage. Vor allem fünf Einwände sind es, die Simon (vgl. Simon 1949) gegen das Konzept unbegrenzten Rationalität vorbringt:

1. Die *Kette* aus *Mitteln* und *Zwecken* ist – anders als im klassischen Rationalitätsmodell bzw. in der Vorstellung des Homo oeconomicus unterstellt – selten vollständig. Die Struktur bewussten Verhaltens stellt sich vielmehr sehr häufig als ein wirres Muster dar und je entfernter der längerfristig intendierte Zweck liegt, desto schwächer fällt die Integration der einzelnen aktuellen Handlungen aus. Der Mensch arbeitet dementsprechend sehr viel eher mit begrenzten Programmen. Dieses „Nicht-Wissen" betrifft nicht nur die einzelnen Mitarbeiter, sondern die gesamte Organisation (daher auch die zentrale Bedeutung einer Vision"; vgl. Kapitel 5).

3.2 Organisation als Institution

2. Die zweite Einschränkung betrifft die *Wahl der Mittel*; die menschliche Kognition kann nur eine begrenzte Anzahl von Möglichkeiten gleichzeitig verarbeiten; Wünsche und vor allem Wunschdenken haben unmittelbaren Einfluss auf die Rationalität: natürlich „macht man sich was vor", d. h. das gehört zum Menschsein durchaus dazu. Eine Entscheidung, die ein Mensch trifft, hat darüber hinaus unmittelbare Konsequenzen für die Sicht der nächsten anstehenden Entscheidung: „What a person wants and likes influences what he sees; what he sees influences what he wants and likes" (March/Simon 1959: 151).
3. Es ist unmöglich, Mittel und Zwecke *klar voneinander zu trennen*, weil die Wahl der Mittel nie neutral ist hinsichtlich der Zwecke, die sich Menschen setzen. Ordnet beispielsweise eine öffentliche Kultureinrichtung jedwede Handlung der Steigerung des Deckungsbeitrages unter oder orientiert sie sich nur noch an Events, wird dies ihr Verhältnis zu den Künstlerinnen und Künstlern nicht unbeeinflusst lassen.
4. Es ist unmöglich – wie im Modell des Homo Oeconimicus (vgl. oben) unterstellt – alle *Konsequenzen des Handelns im Voraus* zu kennen und eine entsprechende Präferenzordnung zu konstruieren. Vielmehr arbeitet der Mensch mit *Wahrscheinlichkeitswerten* auf der Grundlage notwendigerweise eingeschränkter Erfahrungen. Der Mensch muss irgendwann eine Entscheidung treffen, um überhaupt handeln zu können.
5. In Organisationen werden in aller Regel Entscheidungen nicht von einzelnen – möglicherweise rational entscheidenden – Individuen getroffen, sondern stellen ein *Verhalten in Gruppen* dar, d. h. Entscheidungen werden gewöhnlich in kooperativen bzw. in Konflikt- und Konkurrenzsituationen getroffen, was entscheidenden Einfluss auf deren Rationalität hat.

Ausgehend von diesen Einschränkungen definiert Simon Rationalität – im Sinne „begrenzter Rationalität" – neu: „Rationality is concerned with the selection of preferred behavior alternatives in terms of some systems of values whereby the consequences of behavior can be evaluated" (Simon 1949: 75). Dementsprechend – so Simon – ist die Perspektive der klassischen Organisationstheorie umzudrehen: „Statt von der *Organisation als Struktur* auszugehen, die Rollenverhalten vorschreibt, sollte man von *Menschen* ausgehen, die in Organisationen handeln und die als Individuen betrachtet werden, die laufend *Entscheidungen* treffen. Und *Entscheidungen* sind der zentrale Gegenstand der Organisationsanalyse" (Bonazzi 2008: 282).

Durch diese Überlegungen von Barnard, Simon, March u. a. war der Blick für eine neue Sicht der Organisation geöffnet: Statt diese als eine große, perfekt konstruierte Maschine zu begreifen, wurde die Organisation zunehmend als eine von Menschen gebildete und von diesen ständig zu unterhaltene Institution verstanden. Um zu einem *institutionellen* Organisationsbegriff, der konträr zum bisher dargestellten *instrumentellen* Verständnis von Organisationen steht, zu kommen, muss man sich deutlich machen, wie Institutionen (bzw. in diesem Sinne dann „Organisationen") tatsächlich entstehen und funktionieren.

Die beiden Soziologen Peter L. Berger und Thomas entwickelten im Rahmen ihrer Theorie der gesellschaftlichen Konstruktion der Wirklichkeit unter dem Stichwort „Institutionalisierung" ein Modell der Entstehung von Institutionen, das für die Fundierung eines institutionellen Organisationsbegriffs ausgesprochen hilfreich ist Luckmann (Berger/Luckmann 1991). Ihr theoretischer Ausgangspunkt ist dabei die prinzipielle „Weltoffenheit" des Menschen, die sich für den Menschen allerdings durchaus zwiespältig darstellt: „Im Unterschied zu den anderen höheren Säugetieren hat er (der Mensch, A.K.) keine artspezifische Umwelt, keine Umgebung, deren Struktur ihm sein eigener Instinktapparat sichert (...) Im Gegensatz dazu ist die Umweltbeziehung des Menschen durch ‚Weltoffenheit' charakterisiert. Nicht nur hat er sich erfolgreich auf dem größten Teil der Erdoberfläche einzurichten verstanden, sondern seine Beziehung zur jeweiligen Umgebung wird überall äußerst unzureichend durch die eigene biologische Konstitution reguliert" (Berger/Luckmann 1991: 50).

Dadurch, dass der Mensch nicht über die Instinkte des Tiers verfügt, die ihm in der jeweiligen Situation eindeutig signalisieren, was jewels zu tun sei, ist er – um den Preis des Überlebens! – gezwungen diese prinzipielle Weltoffenheit künstlich durch eine „nachträgliche Geschlossenheit" zu schließen, d. h. „irgendetwas" muss ihm „quasi automatisch" sagen, was in der jeweiligen Situation zu tun ist. Die Katze erkennt instinktiv Gefahr und läuft davon – der Mensch muss diese Gefahr erst erkennen und sich dann überlegen, wie er handeln könnte: Weglaufen oder den Kampf suchen.

Diese „Automatisierung" geschieht – so Berger/Luckmann – beim Menschen vor allem durch Gewöhnung: „Alles menschliche Tun ist dem Gesetz der Gewöhnung unterworfen. Jede Handlung, die man häufig wiederholt, verfestigt sich zu einem Modell, welches unter Einsparung von Kräften reproduziert werden kann und dabei vom Handelnden als Modell aufgefasst wird." Diesen Vorgang nennen sie „Habitualisierung"; „Habitualisierung in diesem Sinne bedeutet, dass die betreffende Handlung auch in Zukunft ebenso und mit der Einsparung von Kraft ausgeführt werden kann." Ausdrücklich muss an dieser Stelle darauf hingewiesen werden, dass diese Habitualisierung, diese „Gewöhnung", durchaus nicht „rational", wie in den klassischen Organisationstheorien, gestaltet sein muss; sie verläuft eher irrational nach dem Muster: „Es hat in der Vergangenheit geklappt, also wird es wohl auch in Zukunft funktionieren."

3.2 Organisation als Institution

Man stelle sich zur Verdeutlichung einfach vor, man hätte kein Modell vom „Gehen" und müsste jeden Morgen beim Aufstehen neu überlegen, wie die aufrechte Vorwärtsbewegung auf zwei Beinen möglichst rational zu gestalten sei. An diesem Beispiel wird deutlich, welche Entlastung die Routine, also das „Gelernte" bringt. Gleichzeitig wird aber auch erkennbar, dass man den Vorgang, der zur Routine geführt hat, prinzipiell rekonstruieren kann, d. h. man kann jemandem, der des Laufens unkundig ist (z. B. kleinen Kindern), im Prinzip erklären, wie man „richtig" läuft – ebenso tut dies jeder Physiotherapeut, der einem Patienten mit Haltungsschäden klar macht, wie man „richtig läuft". Diese zunächst scheinbar so triviale Aussage wird ihre besondere Bedeutung gleich erhalten.

Das soeben Gesagte „gilt für nichtgesellschaftliche wie für gesellschaftliche Aktivitäten. Noch der einsame Mann auf der sprichwörtlichen einsamen Insel habitualisiert sein Tun (...) Gewöhnung bringt den psychologisch wichtigen Gewinn der begrenzten Auswahl (...) Das befreit den Einzelnen von der ‚Bürde der Entscheidung' und sorgt für psychologische Entlastung (...). Habitualisierung sorgt für eben die Richtung und Spezialisierung des Handelns, die der biologischen Ausstattung des Menschen fehlen" (Berger/Luckmann 1991: 57).

Da die Menschen in aller Regel allerdings nicht als Einsiedler, sondern mit anderen Menschen zusammenleben, treffen nicht nur diese verschiedenen Menschen zusammen, sondern auch ihre jeweiligen Habitualisierungen. Der entscheidende Punkt ist nun, dass in der Interaktion der Menschen normalerweise die Habitualisierungen der verschiedenen Akteure aufeinander treffen und dass die Menschen diese Interaktionen ebenfalls habitualisieren. Es sind demnach also weniger einzelne „Personen" oder „Individuen", die in der Interaktion aufeinander treffen – wie tief kann man schon in diese Menschen und ihre jeweiligen Beweggründe jeweils hineinschauen –, sondern beobachtbar und beurteilbar sind in erster Linie bestimmte Handlungsmuster in der Interaktion.

Berger/Luckmann demonstrieren dies an einem Beispiel: „Nehmen wir an, zwei Personen aus völlig verschiedenen Gesellschaften treten in Interaktion (...) Sobald A und B wie auch immer interagieren, produzieren sie sehr bald Typisierungen. A beobachtet genau, was B tut. Er unterstellt B's Handlungen Beweggründe und typisiert diese, sobald er sieht, dass die Handlung wiederkehrt, ebenfalls als wiederkehrend. Agiert B weiter, so ist A bald in der Lage, sich zu sagen: ‚Das wär's wieder einmal.' Gleichzeitig kann A dasselbe von B im Hinblick auf sich, A, annehmen. Von Anbeginn an nehmen A und B die Reziprozität ihrer Typisierungen an. Im Verlauf ihres Verkehrs miteinander kommen ihre beiderseitigen Typisierungen in typischen Verhaltensmustern zum Ausdruck. Das heißt, A und B beginnen, ihre vis-à-vis-Rollen zu spielen (...) So entsteht allmählich eine ganze Kollektion wechselseitig typisierter Handlungen, die sich zu Rollenspielen verdichten" (Berger/Luckmann 1991: 60).

Der Begriff der „Rolle" ist hierbei zentral. Denn warum verhalten sich die beiden Beispielpersonen wie beschrieben, d. h. welchen Gewinn ziehen sie aus diesem Vorgang? „Das Wichtigste ist, dass jeder von ihnen nun befähigt ist, des anderen Handlungen vorauszusehen. Aus dem ‚Das wär's wieder einmal' wird: ‚Da wären *wir* wieder einmal'. Das entlastet beide Personen von beträchtlichen Spannungen. Sie sparen Zeit und Kraft nicht nur für beliebige äußere Aufgaben, die sie getrennt oder gemeinsam haben, sondern für ihre ganze seelische Ökonomie. Ihr Zusammenleben hat nun in einer ständig sich erweiternden Welt der Routinegewissheit seine Form gefunden" (Berger/Luckmann 1991: 61). Diese Routinegewissheit hält den Kopf frei, für andere, neue und innovative Handlungsweisen.

Die Folge davon ist: „Viele Tätigkeiten bedürfen nur noch eines geringen Grades an Achtsamkeit. Die einzelne Handlung des einen ist für den anderen nicht mehr Quelle der Verwunderung, ja, drohender Gefahr. Stattdessen nimmt so manches, was vor sich geht, für beide die Trivialität dessen an, was beider Alltagsleben wird. Auf diese Weise bauen zwei Personen einen Horizont (auf) – einen Hintergrund, vor dem sich sowohl ihre getrennten als auch die gemeinsamen und wechselseitigen Handlungen stabilisieren können. Das Entstehen eines solchen Hintergrundes der Routine ermöglicht dann wiederum eine Arbeitsteilung und erschließt den Weg für Neuerungen (...) Arbeitsteilung und Neuerungen führen zu neuen Habitualisierungen, die den gemeinsamen Hintergrund beider Personen wiederum erweitern. Mit anderen Worten: Eine gesellschaftliche Welt wird allmählich konstruiert (...)" (Berger/Luckmann 1991: 61).

Allerdings lässt sich bei aller Gewöhnung und Routine, d. h. also „nicht-weiter-Hinterfragung" der jeweiligen Situation bei den zwei Interaktionspartnern (ebenso wie beim o. a. isolierten Individuum), wenn auch mühevoll, so doch prinzipiell der ursprüngliche „Sinn" einer mittlerweile handlungsentlastenden Routinemaßnahme – etwa gegenüber einem außenstehenden Dritten – rekonstruieren: „Ich/Wir mache/n dies schon immer so und so, weil..." Berger/Luckmann schreiben hierzu: „Diese wechselseitige Typisierung ist zwar noch keine Institutionalisierung, da bei nur zwei Personen keine Möglichkeit zu einer Typologie der Akteure besteht. Aber immerhin befinden wir uns im Vorhof der Institutionalisierung." Damit es über die bloße Habitualisierung hinaus zur Grundform der Institutionalisierung kommen kann, bedarf es erstens mehrerer Aktionspartner sowie zweitens einer „dauerhaften gesellschaftlichen Situation (...) in die sich die habitualisierten Tätigkeiten von zwei oder mehr Einzelpersonen einfügen können" (Berger/Luckmann 1991: 61), d. h. „Institutionalisierung steht am Anfang jeder gesellschaftlichen Situation, die ihren eigenen Ursprung über-

3.2 Organisation als Institution

dauert" (Berger/Luckmann 1991: 59). Dies bedeutet weiterhin: „Institutionalisierung findet statt, sobald habitualisierte Handlungen durch Typen von Handelnden reziprok typisiert werden. Jede Typisierung, die auf diese Weise vorgenommen wird, ist eine Institution" (Berger/Luckmann 1991: 58).

Durch das mögliche Hinzutreten Dritter zu einer sozialen Situation, bei deren Entstehung diese nicht beteiligt waren, gewinnt die ursprüngliche Habitualisierung allerdings nun einen neuen Charakter, denn den neu Hinzutretenden muss nun der jeweilige „Sinn" der Habitualisierung erklärt werden. Besonders deutlich – und prekär – wird dies dann, wenn institutionale Lösungen über Generationen weitergegeben werden, wenn z. B. A und B Kinder haben: „Das Auftauchen Dritter verwandelt den Charakter der ständigen gesellschaftlichen Interaktion zwischen A und B, der sich noch weiter wandeln wird, je mehr Personen dazukommen. Die institutionale Welt, in der ursprünglichen Situation von A und B noch in statu nascendi, wird nun an andere weitergereicht. Mit diesem Vorgang vollendet die Institutionalisierung sich selbst. Die gemeinsamen Habitualisierungen und Typisierungen von A und B, die bislang noch den Charakter von ad-hoc-Konzeptionen zweier Individuen hatten, sind von nun an historische Institutionen. Durch die erreichte Historizität ergibt sich – oder genauer gesagt: vollendet sich – noch eine andere entscheidende Qualität, welche von Anfang an da war, seit A und B mit der reziproken Typisierung ihres Verhaltens begonnen hatten: *Objektivität* (...) Institutionen sind nun etwas, das seine eigene Wirklichkeit hat, eine Wirklichkeit, die dem Menschen als äußeres, zwingendes Faktum gegenübersteht."

Berger/Luckmann schreiben weiter: „Solange entstehende Institutionen lediglich durch Interaktion von A und B aufrechterhalten werden, bleibt ihr Objektivitätszustand spannungsvoll, schwankend, fast spielerisch, obgleich sie schon durch ihr bloßes Zustandekommen einen gewissen Objektivitätsgrad erhalten (...) Obgleich die einmal etablierten Routinen als solche die Tendenz zu Dauer und Bestand haben, gibt es doch für das Bewusstsein noch die Möglichkeit, sie zu verändern oder gar abzuschaffen. Nur A und B sind für die Konstruktion dieser Welt verantwortlich und A und B behalten die Macht, sie zu verändern oder gar zu vernichten. Für sie, die selbst dieser Welt im Verlauf gemeinsamen Lebens Gestalt gegeben haben, eines Lebens, an das sie sich erinnern können, ist diese ihre Welt zudem noch durchschaubar. Sie verstehen, was sie selbst geschaffen haben. Das ändert sich jedoch mit der Weitergabe an eine neue Generation. Die Objektivität der institutionalen Welt ‚verdichtet' und ‚verhärtet' sich, nicht nur für die Kindern, sondern – mittels eines Spiegeleffekts – auch für die Eltern. Aus dem ‚Da wären wir wieder einmal' wird ein ‚So macht man das'. Eine Welt, so gesehen, gewinnt Festigkeit im Bewusstsein. Sie wird auf massivere Weise wirklich und kann nicht mehr so einfach verändert werden (...) Eine institutionale Welt wird also als objektive Wirklichkeit erlebt."

Als solche wiederum prägt die gesellschaftlich konstruierte institutionale Welt die Menschen. Bei aller Verobjektivierung – erinnert sei an das Diktum Max Webers von den „stahlharten Gehäusen", die Organisationen oft darstellen – muss man sich deshalb „immer wieder vor Augen führen, dass die Gegenständlichkeit der institutionalen Welt, so dicht sie sich auch dem Einzelnen darstellen mag, von Menschen gemachte, konstruierte Objektivität ist (...) Die institutionale Welt ist vergegenständlichte menschliche Tätigkeit, und jede einzelne Institution ist dies ebenso" (berger/Luckmann 1991: 65). Berger/Luckmann stellen diesen Vorgang in einem Kreislauf dar: „Gesellschaft ist ein menschliches Produkt. Gesellschaft ist eine objektive Wirklichkeit. Der Mensch ist ein gesellschaftliches Produkt."

Ausgangspunkt der Überlegungen war die These, dass Habitualisierung und als Folge davon Institutionalisierung vornehmlich die Funktion der Erzeugung „nachträglichen Geschlossenheit" angesichts der prinzipiellen Weltoffenheit des Menschen (im Vergleich zum instinktgesteuerten Tier) haben. Den ursprünglichen Akteuren A und B ist diese „Leistung" meist noch unmittelbar bewusst, immer weniger aber den hinzu kommenden Dritten bzw. – in der historischen Distanz – den Nachgeborenen. Diesen muss der „Sinn" dieser Institution als Problemlösung immer wieder aufs Neue verdeutlicht werden. Dementsprechend schreiben Berger/Luckmann: „Das Fortwirken einer Institution gründet sich auf ihre gesellschaftliche Anerkennung als ‚permanente' Lösung eines ‚permanenten' Problems." Organisationen – wie Schulen, Kirchen, Gerichte, Krankenhäuser usw. – sind ganz in diesem Sinne gesellschaftliche anerkannte, ‚permanente' Problemlösungen.

Berger/Luckmann schreiben weiter: „Potentielle Akteure für institutionalisierte Aktionen müssen daher systematisch mit institutionalisiertem Sinn bekannt gemacht werden. Ein ‚Erziehungsprozess' wird nötig" (Berger/Luckmann 1991: 74). An anderer Stelle schreiben sie: „Dieselbe Geschichte muss sozusagen allen Kindern erzählt werden können (...) Den Kindern muss beigebracht werden, ‚wie man sich benimmt' und dann müssen sie ‚bei der Stange' gehalten werden. Dasselbe gilt natürlich auch für die Erwachsenen. Je mehr Verhaltensweisen institutionalisiert sind, desto mehr Verhalten wird voraussagbar und kontrollierbar. Wenn die Sozialisation des Einzelnen in die Institutionen hinein erfolgreich ist, können äußerste Zwangsmittel sparsam und mit Auswahl angewandt werden. Meistens stellt sich Verhalten ‚spontan' ein – in institutionell vorgeschriebenen Bahnen. Je mehr Verhalten hinsichtlich seines Sinnes Gewissheitscharakter hat, desto weniger Alternativen zu den institutionellen ‚Vorschriften' werden auftau-

3.2 Organisation als Institution

chen und desto voraussehbarer und kontrollierbarer wird das Verhalten sein" (Berger/Luckmann 1991: 67).

Diese Position ist nun eine völlig andere, als die der klassischen Organisationstheorie. Die Frage sowohl nach der Stellung des Individuums in der Organisation als auch der Interaktion der Organisation mit der Umwelt muss aus dieser Perspektive völlig anders beantwortet werden als in den traditionellen Organisationstheorien. In der Darstellung des Prozesses der Institutionalisierung im Anschluss an Berger/Luckmann wird deutlich, dass Organisationen als Institutionen zuallererst aus *Habitualisierungen* resultieren, also aus Gewöhnungseffekten, deren vorrangiger Sinn und Zweck in *allgemein anerkannten, handlungsentlastenden Problemlösungen* steckt. Die Betonung liegt dabei auf „allgemein anerkannter Problemlösung" – ob diese nun vorrangig rational oder irrational ist, wird dabei zunächst kaum reflektiert, solange es eben „bloß" funktioniert! Diese Habitualisierungen müssen als „anerkannte Problemlösungen" im historischen Prozess weitergegeben werden, d. h. sowohl (zeitgleich) Außenstehenden als auch (historisch) Nachfolgenden müssen diese Habitualisierungen als „sinnvoll" vermittelt werden.

Das zentrale Medium der Sinnvermittlung in *modernen* Gesellschaften ist allerdings gewöhnlich die „Rationalität"; deshalb verlaufen solche Sinngebungen in aller Regel „rational" oder „wissenschaftlich". In anderen bzw. historisch früheren Gesellschaftsformationen kann die Quelle der Sinngebung möglicherweise ganz anders definiert sein: Dort kann eine solche Quelle beispielsweise die Religion oder die Autorität eines charismatischen Führers sein, hier wird der „Sinn" von Institutionen dann wahrscheinlich völlig anders begründet. Angesichts des tatsächlichen Funktionierens bzw. der tatsächlichen Funktion von Institutionen warnen Berger/Luckmann deshalb nachdrücklich: „Größte Vorsicht ist demnach im Hinblick auf alle Behauptungen über die angebliche ‚Logik' von Institutionen geboten. Die Logik steckt nicht in den Institutionen und ihrer äußeren Funktionalität, sondern in der Art, in der über sie reflektiert wird. Anders ausgedrückt: das reflektierende Bewusstsein überlagert die institutionale Ordnung mit seiner eigenen Logik" (Berger/Luckmann 1991: 69).

Selbstverständlich können sich Organisationen durchaus auch durch ihre Rationalität legitimieren – und in modernen Gesellschaften ist dies wahrscheinlich sogar der Regelfall; „aber" – so Berger/Luckmann – „theoretisches Wissen ist nur ein kleiner und nicht einmal der wichtigste Teil dessen, was in einer Gesellschaft als Wissen umläuft. Theoretisch durchdachte Legitimationen tauchen zu einem bestimmten Zeitpunkt der Geschichte von Institutionen auf. Das Primärwissen über die institutionale Ordnung ist jedoch vortheoretisch. Es ist summum totum all dessen, ‚was jedermann weiß', ein Sammelsurium von Maximen,

Moral, Sprichwortweisheiten, Werten, Glauben, Mythen und so weiter (...)" (Berger/Luckmann 1991: 70).

Dieses „Sammelsurium von Maximen, Moral, Sprichwortweisheiten, Werten, Glauben, Mythen und so weiter" erinnert sehr an die Definition des anthropologischen Kulturbegriffs des britischen Anthropologen Edward Burnett Tylor, der „Kultur" im 19. Jahrhundert definierte „als jenes komplexe Ganze, das Wissen, Glauben, Kunst, Moral, Recht, Sitte, Brauch und alle anderen Fähigkeiten und Gewohnheiten umfasst, die der Mensch als Mitglied einer Gesellschaft erworben hat" (Tyler 1871: 1). Und so kann es kaum verwundern, dass eben diesen Erscheinungen das besondere Interesse des Konzepts der sog. „Organisationskultur" gilt. Hierauf wird gleich näher einzugehen sein.

Aus dem Gesagten dürfte deutlich geworden sein, warum in der neueren Organisationstheorie die „beiden Prototypen der älteren Organisationslehre, die sich wechselseitig gefordert und stimuliert haben: Die *Maschine als rationale Zweckkonstruktion*" (d. h. „die Ausschließlichkeit der *Zweckorientierung*, die für alle Teile und jeden Vollzug der Maschine gilt" (Luhmann 1964: 33, Anm. 25)) und „*der Befehl*, ihren Rang als Leitvorstellungen" (Luhmann 1964: 33) verloren haben, wie Luhmann schreibt. Und weiter Luhmann: „Die Definition der formalen Organisation durch Zweck und (oder) Herrschaft ist darauf abgestellt, Organisationen als in sich schlüssige rationale Konstruktionen zu erforschen mit dem Ziele, Unrichtigkeiten und Fehlkonstruktionen auszumerzen. Sie setzt die Organisation als rational an. Die begrenzten Fähigkeiten des Menschen zu rationalem Verhalten, von seiner begrenzten Lust dazu ganz zu schweigen, erscheinen ihr deshalb als unsinniger externer Widerstand, den sie weder verstehen noch erforschen kann" (Luhmann 1964: 33).

In der Praxis kann diese Fehleinschätzung der klassischen Organisationstheorie (etwa im Gewande der Bürokratietheorie) u. U. sowohl für die/den Leiter/in einer Kulturorganisation als auch für die Kultureinrichtung selbst durchaus gravierende negative Folgen haben; z. B. dann, wenn eine neue Führungsperson ausschließlich auf die formale Ordnung der Organisation setzt und nichts von den in dieser Organisation hervorragend funktionierenden informalen Kanälen weiß. Zum Problem kann eine solche rein formale Orientierung beispielsweise auch dann werden, wenn die vorhandenen scheinbaren „Unrichtigkeiten und Fehlkonstruktionen" als „dysfunktional" missverstanden und ausgemerzt werden, ohne dass gesehen wird, welchen wichtigen funktionalen Beitrag diese zum Funktionieren des Ganzen tatsächlich leisten.

Positiv formuliert: Gerade die sehr genaue Kenntnis der informalen Abläufe in einer Organisation, das Wissen um sie und die geschickte Nutzung ihrer Möglichkeiten bieten dem Führungspersonal oft hervorragende Handlungsmöglichkeiten, wenn die formalen Kanäle überlastet sind oder aus sonstigen Gründen nicht funktionieren. Und das, was hier für die Binnenstruktur von Organisationen gesagt wird, gilt selbstverständlich auch für die Kommunikation und Interaktion von Organisationen untereinander: Auch hier ist es oftmals der sog. „kleine Dienstweg", d. h. gerade das Verlassen der häufig schwerfälligen formalen Kommunikationsstrukturen, der zum reibungslosen Gelingen des Ganzen beiträgt.

3.3 Die „kulturelle" Neuorientierung der Organisationstheorie

Selbstverständlich kann auf die Leistungen, die die klassische Organisationstheorie hervorgebracht hat – wie etwa die organisatorische Differenzierung durch *Aufgabenanalyse*, die *Arbeitsteilung* und *Aufgabensynthese* oder die organisatorische Integration durch unterschiedliche Abstimmungsweisen wie Hierarchie, Programme, Organigramme, Pläne oder Matrixmodelle usw. – auch in neu zu entwickelnden organisationalen Entwürfen nicht völlig verzichtet werden. Allerdings müssen diese Modelle und Instrumente stets relativiert werden, und es ist die Frage, inwieweit sie die Wirklichkeit in Organisationen tatsächlich adäquat erreichen und abbilden.

Das „Wissen" einer Organisation besteht, so Berger/Luckmann, aus eben diesem „summum totum all dessen, ‚was jedermann weiß', ein Sammelsurium von Maximen, Moral, Sprichwortweisheiten, Werten, Glauben, Mythen und so weiter." Nicht Organigramme, nicht Hierarchien und Dienstwege, nicht Prozessabläufe usw. machen also das „Wissen" der Organisation aus, sondern eben dies „summum totum", das der spezifisch *organisationskulturelle* Ansatz der Organisationstheorie zum Ausgangspunkt seiner weiteren Überlegungen nimmt.

Wesentliches Medium zur Herstellung von „Sinn" ist die menschliche Sprache, mit deren Hilfe gesellschaftliche – und eben auch organisationale – Wirklichkeit „konstruiert" wird. Im Einleitungskapitel wurde als eine der Grundannahmen der *systemischen* Sicht der Organisation festgestellt, dass sich Organisationen mittels *Kommunikation* ständig selbst reproduzieren und somit in permanenter Veränderung begriffen sind. Bezogen etwa auf das aus der klassischen Organisationstheorie stammende Instrument „Organigramm" müsste dementsprechend also kritisch gefragt werden: Stellt das Organigramm einer Organisation (z. B. eines Kulturamtes oder eines Theaters) die tatsächlichen Kommunikationswege in dieser Einrichtung dar, oder verlaufen die Kommunikationen in der Wirklichkeit nicht völlig anders?

Jeder, der jemals an einem Theater gearbeitet hat, weiß, dass zwar an der Spitze des Organigramms der Intendant steht, dagegen der Pförtner, der in der Hierarchie (und räumlich und wahrscheinlich auch entgeltmäßig) ziemlich weit unten platziert ist, in der Regel der bestinformierte Mann des Hauses ist. Jeder und jede am Theater Beschäftigte muss an ihm tagtäglich vorbei und jeder und jede hält sein Schwätzchen mit ihm. Und auch die Kommunikationsvielfalt einer rührigen Musikschulsekretärin dürfte keineswegs ihrer Platzierung in einem Organigramm entsprechen. Wenn die Realität also eine andere ist, als im Organigramm dargestellt, warum sie dann nicht adäquat wiedergeben? Und wie sind beispielsweise die unendlich vielen kleinen informellen „Dienstleistungen", die die rührige Sekretärin tagtäglich erbringt (z. B. ihre vielen Erledigungen auf dem sog. „kleinen Dienstweg") einzuschätzen, die zwar nicht in ihrer formalen Arbeitsplatzbeschreibung enthalten sind, ohne die aber „der ganze Laden nicht laufen" würde?

Die beiden amerikanischen Organisationstheoretiker Terence E. Deal und Allen A. Kennedy bringen dies in ihrer seiner Zeit bahnbrechenden Untersuchung der *Corporate Culture* (Deal/Kennedy 1982) anschaulich auf den Begriff des „second job", den jeder Mitarbeiter einer Organisation neben seinem eigentlichen, dem „first job" (dessen Beschreibung er mehr oder minder explizit in seinem Arbeitsvertrag findet), leistet. Sie stellen sich eine Organisation als eine Einrichtung vor, die nicht nur nach strukturellen oder strategischen Vorgaben arbeitet, sondern als ein *soziales System*, das ein eigenes *soziales Gleichgewicht* (oder eben auch Ungleichgewicht) im Umgang mit diesen Vorgaben und den diesen Vorgaben entsprechenden oder widersprechenden Entscheidungen sucht. Hierbei haben die ‚second jobs' eine zentrale Bedeutung. „‚Second jobs' sind Jobs in einem kommunikativen Netzwerk, in dem die Wirklichkeit des Unternehmens als die bekannte laufend neu erfunden und bestätigt wird, in dem neue Gerüchte, Geschichten und Intrigen in die Organisation hineingeholt oder aus ihr herausgehalten werden und in dem die, die noch nicht durchblicken oder Neues nicht verstehen, betreut, beraten und auf Vordermann gebracht werden. In diesem Netzwerk gibt es verschiedene Jobs, wie etwa die Aufgabe der Geschichtenerzähler, Spione, Priester, Souffleure und Intriganten, die genau so erledigt werden müssen, damit der Laden läuft, wie der im Arbeitsvertrag stehende Auftrag auch" (Baecker 1999: 119). Gerade diese Rollen bzw. ihre Ausführung prägen die spezifische Organisationskultur einer jeden Organisation.

In Abgrenzung zu den skizzierten klassischen Organisationstheorien, die Organisationen in erster Linie als das Ergebnis eines rationalen, abstrakten Planungsprozesses betrachteten, wurde daher seit den achtziger Jahren des 20. Jahrhunderts der Blick zunehmend auf die Bedeutung und Funktionsweise einer „lebenden" Organisations*kultur* gerichtet. Diese Vorstellung war bereits Ende der fünfziger Jahre bei Philip Selznick (Selznik 1957) angelegt, wenn er in *Leadership in Administration* von einheitlichen Anschauungen, von Gewohnheiten und sonstigen Festlegungen spricht, die alle Aspekte des Organisationsgesche-

3.3 „Kulturelle" Neuorientierung

hens prägen und eine soziale Integration herbeiführen, die über formale Koordination und Lenkung weit hinaus gehen. Für diese Sichtweise wurde schließlich der Begriff der Organisationskultur geprägt. Hinterhuber versteht darunter – ganz in der Tradition des anthropologischen Kulturbegriffs stehend – zunächst alle „in einer Organisation vorherrschenden Wertvorstellungen, Traditionen, Überlieferungen, Mythen, Normen und Denkhaltungen, die den Mitarbeitern auf allen Verantwortungsebenen Sinn und Richtlinien für ihr Verhalten geben" (Hinterhuber 1997: 236).

Das Konzept der Organisationskultur wendet daher – anders als die eher mechanisch orientierten „Ingenieurswissenschaften" der klassischen Organisationstheorie – die in den Kultur- und Sozialwissenschaften gewonnenen allgemeinen Einsichten über das Entstehen und Wirken von kulturellen Normen und Werten auf Organisationen allgemein (Organisationskultur) bzw. wirtschaftliche Unternehmungen im speziellen (Unternehmenskultur) an. Auf der Basis dieses (Neu-)Ansatzes lassen sich sehr interessante Erkenntnisse über das tatsächliche Funktionieren von Organisationen und wirtschaftlichen Unternehmungen gewinnen.

Edgar H. Schein (vgl. hierzu: Schein 1995; Schein 2000; Schein 2003), der das Konzept der Unternehmenskultur ganz maßgeblich geprägt hat, unterscheidet in der Darstellung bzw. Analyse ihrer Funktionsweise drei Ebenen:

- die Ebene der *Artefakte*, d. h. alle Phänomene, die man hört, sieht und fühlt, wenn man einer Organisation begegnet. Dies sind die sichtbaren Strukturen und Prozesse in einer Organisation, die einerseits leicht zu beobachten, andererseits aber schwer zu entschlüsseln sind. Das sind z. B. die Form von Betriebsfesten oder Premierenfeiern (Schauspieler feiern im Foyer, die Technik in der Kantine), die Ausschmückung von Büros, die Eingliederung neuer Mitarbeiter usw.;
- die Ebene der *bekundeten Werte*, d. h. konkrete Wertvorstellungen und Verhaltensweisen, wie z. B. Strategien, Ziele, Philosophien, bekundete Rechtfertigungen, ungeschriebene Verhaltensrichtlinien (was gilt als „gut" bzw. „schlecht", welches Verhalten wird „belohnt" oder „bestraft"), Verbote usw. Diese schlagen sich nieder z. B. in Strategischen Leitbildern oder der Mission eines Kulturbetriebs, aber auch in bestimmten Vorstellungen von dem, „was sich gehört und was nicht";
- die Ebene der *Grundprämissen*, d. h. die grundlegenden Orientierungs- und Verhaltensmuster, die die Wahrnehmung und das Handeln der Organisationsmitglieder leiten. Hierzu zählen unbewusste, selbstverständliche Anschauungen, Wahrnehmungen, aber auch Gedanken und Gefühle. (Schein 1995: 30).

Erfahrungen, die eine Unternehmung in der Vergangenheit mit gelungenen bzw. misslungenen Problemlösungen gesammelt hat, werden in meist ungeschriebenen, informellen Gesetzen bzw. Regeln und in Form von „Rezeptwissen" (nach dem Motto: „Das hat bisher immer gut geklappt, also machen wir es auch weiter so." bzw. „Das hat noch nie funktioniert, also machen wir das auch nicht so.") gesammelt und in die Gegenwart der Organisation übertragen; dies umfasst zunächst die *kognitive* Dimension der Kultur. Zu der Sicherung des kognitiven Erfahrungsbestandes treten allerdings bestimmte *Werte*, *Normen* und *Einstellungen* hinzu, die das Verhalten der Organisationsmitglieder prägen, d. h. die *affektive* Dimension der Kultur.

Dieses kulturelle Hintergrundwissen, also das grundlegende Muster von nicht mehr hinterfragten, selbstverständlichen Voraussetzungen des Verhaltens und Handelns in den jeweiligen Organisationen, wird über ein System von Symbolen, Mythen, Zeremonien, Ritualen und Erzählungen kommuniziert, sichtbar gemacht und als spezifische Organisationskultur an neue Mitarbeiter bzw. Mitglieder tradiert (Berger/Luckmann würden sagen: „die gleiche Geschichte muss allen erzählt werden"). Hierzu zählen beispielsweise *Gründungsmythen* („Das Festival ist damals entstanden, weil sich ein paar in einer Kneipe zusammengesetzt haben und dann wurde das immer größer und toller."), Erzählungen von *großen Gefährdungen* und ihrer *heldenhaften Überwindung* („Damals stand das Theater quasi vor der Schließung und nur durch das Zusammenwirken aller ..."), *Rituale* wie „legendäre" Betriebsfeiern (etwa die Empfänge der einzelnen Verlage bei der Frankfurter Buchmesse, die nicht selten sogar über die Medien kolportiert werden „Damals, als im Hause Suhrkamp ...") usw.

Den Organisationsmitgliedern werden diese Werte auf den verschiedensten Kanälen vermittelt und sie „glauben" an die subtil vermittelten Normen und richten implizit ihr Verhalten und ihre Handlungen an ihnen aus. Verstöße gegen die Organisationskultur finden gewöhnlich Ahndung durch andere Mitarbeiter (etwa durch sanfte Hinweise, wie man sich doch, bitte schön zu verhalten habe bis hin zur Ausgrenzung des Mitarbeiters im Extremfall). Diese Integration findet in der Regel also weniger durch bewusstes Handeln der Führungskräfte (wie in der klassischen Organisationstheorie behauptet), als durch eine subtile Sozialisation durch die anderen Organisationsmitglieder statt.

Edgar Schein definiert die Kultur einer Organisation deshalb als „ein Muster gemeinsamer Grundprämissen, das die Organisation bei der Bewältigung ihrer Probleme externer Anpassung und interner Integration erlernt hat, das sich bewährt hat und somit als bindend gilt; und das daher an neue Mitglieder als rational und emotional korrekter Ansatz für den Umgang mit Problemen weitergegeben wird" (Schein 1995: 25). Es dürfte unschwer zu erkennen sein, dass der Begriff „rational" hier eine entschieden andere Qualität hat als in der klassischen

3.3 „Kulturelle" Neuorientierung

Organisationstheorie. Es ist eben nicht die abstrakte, mechanistische Rationalität, die hier gemeint ist, sondern die lebenspraktische: „Es funktioniert ja auf diese Weise!"

Die beiden zentralen Funktionen der Organisationskultur sind somit erstens die Schaffung einer *strukturellen Stabilität*, die sowohl bewusst als auch unbewusst fundiert ist und zweitens die *Integration von Elementen in ein größeres Paradigma*, d. h. die Vorstellung, dass sich in einer Organisation Werte, Verhaltensweisen, Klima und Rituale zu einem (funktionierenden) Ganzen fügen müssen. Erst diese gelungene Integrationsleistung schafft die notwendige Stabilität und somit die Grundlage für zukünftige Innovationen. Gerade weil zukunftsoffene Kulturunternehmungen auf ein hohes Maß an Flexibilität und Kreativität angewiesen sind, macht es Sinn, das Konzept der Organisationskultur auf diese zu übertragen (vgl. hierzu neben Schein 1995 auch Weck 1995).

Deshalb sollten gerade Kultureinrichtungen in Zukunft andere Organisationsformen als die der klassischen Theorie entwickeln, die – wie Karl Weick in seinem Buch *Der Prozess des Organisierens* (im Original noch zugespitzter *The Social Psychology of Organising*) schreibt – „die *Improvisation* mehr schätzt als Prognosen, die lieber *Chancen* gibt, als Zwang ausübt, die selber *Lösungen* erfindet als welche ausborgt, die lieber *neue Handlungsweisen* entwirft als alte verteidigt, die *Argumente* höher einschätzt als Gemütsruhe und die eher zu *Zweifel* und *Widerspruch* ermuntert als zum Glauben" (Weick 1985: 14; Hervorhebung A.K.). Für Weick dient das Organisieren – ganz im Sinne der konstruktivistischen Theorie von Berger/Luckmann bzw. des systemischen Ansatzes – dazu, „die Spannweite der Möglichkeiten zu verkleinern, die Zahl der Ergebnisse, die auftreten können, zu verringern. Die Tätigkeit des Organisierens zielt auf die Herstellung eines *tragfähigen Sicherheitsniveaus*. Eine Organisation versucht, mehrdeutige Information umzuformen bis zu einem gewissen Grad an Eindeutigkeit, mit dem sie arbeiten kann und an den sie gewöhnt ist" (Weick 1985: 15). Die Betonung liegt hier auf „tragfähigem Sicherheitsniveau" und „gewissem Grad von Eindeutigkeit" und eben nicht, wie es das Scientific Management oder die bürokratische Organisation anstrebt, auf quasi „natur"-wissenschaftlicher Klarheit und Eindeutigkeit.

Dementsprechend werden von Weick „Organisationen als Erfindungen von Menschen angesehen, Erfindungen, die dem Erlebensstrom übergestülpt werden und ihm *für den Augenblick* eine gewisse Orientierung aufzwingen. Man beachte jedoch, dass viele Teile des Erlebensstroms unorganisiert bleiben und dass die Teile, die zeitweilig durch übergestülpte Ideologien organisiert werden, *mehrdeutig* bleiben" (Weick 1985: 24; Hervorhebung A.K.). Für ihn sind es gerade diese „*andauernden Mehrdeutigkeiten*" die dazu zwingen, die Organisation so flexibel und offen wie möglich zu halten. Und gerade Kunst- und Kulturbetriebe leben ja permanent in diesen „Mehrdeutigkeiten", denn „Mehrdeutigkeit" ist eines der Grundprinzipien aller Kunst.

Diese Überlegungen sollten jedoch keineswegs dahingehend missverstanden werden, dass im Bereich von Kunst- und Kulturbetrieben nun völlig auf Planung und Organisation verzichtet werden soll. Ganz im Gegenteil: Klares strategisches Denken, überlegtes Planen und Organisieren und ein sinnvoll steuerndes Controlling sowie eine aufmerksame, sensible Abschlusskontrolle und Evaluation, ob das Intendierte auch tatsächlich erreicht wurde, sind nach wie vor unabdingbare Methoden und Instrumente eines entsprechenden Kulturmanagements. Die angestellten Überlegungen sollen lediglich die *Grenzen* der (scheinbaren) „Sicherheit" der klassischen Organisationstheorie aufzeigen und die Suche nach neuen Organisationsformen anregen, die den gegenwärtigen und zukünftigen Herausforderungen besser gerecht werden. Denn angesichts der „andauernden Mehrdeutigkeiten", von denen Weick spricht und die prägend sind für heutige Organisationen, werden sowohl (schnelles und effizientes) *Lernen* wie zeitnahes *Verändern* zu zentralen Aufgaben von Organisationen.

3.4 Die lernende Kulturorganisation

Die beiden Organisationstheoretiker James March und Johan Olsen gehörten zu den ersten, die im Gefolge Herbert Simons die Ansätze der individuellen Lerntheorie auf Organisationen übertrugen und ein Konzept organisatorischen Lernens entwickelten. In ihrem Buch *Ambiguity and choice in organisations* (March/ Olsen 1979) ist der Begriff der Mehrdeutigkeit, der zu permanentem organisatorischem Lernen zwingt, bereits programmatisch im Titel enthalten. Aus dieser Perspektive werden Organisationen als *Wissens*systeme aufgefasst, die über ständige Lernprozesse neues Wissen erwerben und selbst generieren und dadurch ihre Wissensbasis kontinuierlich erweitern. Lernen wird dabei als (unaufhörliche) „Neustrukturierung der Wissensbasis" definiert; „organisatorisches Lernen ist dann der Prozess, in dem Organisationen Wissen erwerben, in ihrer Wissensbasis verankern und für zukünftige Problemlösungserfordernisse hin neu organisieren" (Schreyögg 1998: 538).

Dieser und andere Ansätze verstehen „Lernen" zunächst vor allem als einen *kognitiven* Prozess, als ein *instrumentales* Lernen, das insbesondere Wissen, Verständnis, Know-how, Techniken und Praktiken umfasst. Chris Argyris und Donald A. Schön gehen in ihrem Konzept der *Lernenden Organisation* allerdings einen entscheidenden Schritt weiter, indem sie dieses „instrumentale Lernen in einem konstanten Wertesystem", das bloß auf eine Verbesserung des Bestehenden abzielt, unterscheiden von einem „Lernen, die Werte zu ändern"

3.4 Lernende Kulturorganisation

(Argyris/Schön 1999: 20), d. h. ein Lernen, das das bloß instrumentale Lernen quasi transzendiert.

Ihr Ausgangspunkt sind sog. Aktions- oder Handlungstheorien, die es in jeder Organisation gibt; diese Handlungstheorien beinhalten z. B. „Strategien zur Durchführung schwieriger Aufgaben". Solches theoretisches Wissen verbirgt sich aber auch in „Abläufen und Verfahren, die selbst dann geprüft und entschlüsselt werden können, wenn die Personen, die sie ausführen, sie nicht in Worte fassen können" (Argyris/Schön 1999: 28) Argyris/Schön unterscheiden dabei zwei verschiedene Aktionstheorien: Mit „vertretener Theorie" („espoused theory") bezeichnen sie eine Aktionstheorie, „die vorgebracht wird, um ein bestimmtes Aktivitätsmuster zu erklären oder zu rechtfertigen"; mit „handlungsleitender Theorie" („theory-in-use") dagegen eine „Aktionstheorie, die in der Durchführung dieses Aktivitätsmusters stillschweigend enthalten ist." Ihre Grundannahme ist nun, dass das organisatorische Handeln von einem systematischen Nichtübereinstimmen von *vertretener* und *tatsächlich handlungsbestimmender* Theorie geprägt ist, d. h. „formale Unterlagen eines Unternehmens wie Organisationspläne, Zielformulierungen oder Arbeitsplatzbeschreibungen enthalten nicht selten vertretene Aktionstheorien, die sich nicht mit den aktuellen Aktivitätsmustern der Organisation decken." Die Mitarbeiter tun in der Wirklichkeit also etwas Anderes als in den offiziellen Handbüchern steht – und sie können das auf Nachfrage auch meist sehr gut begründen!

Diese immer wieder zu erfahrende „Nichtübereinstimmung" führt quasi zwangsläufig zu gewissen Lernprozessen mit dem Ziel, möglichst wieder eine Deckung zu erreichen, d. h. „organisationales Lernen findet statt, wenn Einzelne in einer Organisation eine problematische Situation erleben und sie im Namen der Organisation untersuchen. Sie erleben eine überraschende Nichtübereinstimmung zwischen erwarteten und tatsächlichen Aktionsergebnissen und reagieren darauf mit einem Prozess von Gedanken und weiteren Handlungen; dieser bringt sie dazu, ihre Vorstellungen von der Organisation oder ihr Verständnis organisationaler Phänomene abzuändern und ihre Aktivitäten neu zu ordnen, damit Ergebnisse und Erwartungen übereinstimmen, womit sie die handlungsleitende Theorie von Organisationen ändern. Um organisational zu werden, muss das Lernen, das sich aus Untersuchungen in der Organisation ergibt, in den Bildern der Organisation verankert werden, die in den Köpfen ihrer Mitarbeiter und/oder den erkenntnistheoretischen Artefakten existieren (den Diagrammen, Speichern und Programmen), die im organisationalen Umfeld angesiedelt sind" (Argyris/Schön 1999: 31f).

Dieser Lernprozess kann nun – und dies ist entscheidend – in zwei bzw. drei unterschiedlichen Formen (Argyris/Schön 1999: 35ff) stattfinden.

1. Das sog. „*Einschleifen*-Lernen" (*Single-Loop-Learning*) ist ein *instrumentales* Lernen, das Handlungsstrategien oder Annahmen, die Strategien zugrunde liegen, so verändert, dass die Wertvorstellungen einer Handlungstheorie unverändert bleiben. Innerhalb eines festgelegten Bezugsrahmens, der die Definition des „richtigen" Systemzustands enthält, werden Abweichungen registriert und korrigiert. Die Definition des richtigen Systemzustandes wird durch die „theory-in-use" geleistet; sie aufrechterhalten zu können ist also wesentliches Ziel des Einschleifen-Lernens (Schreyögg 1998: 542). In der Regel geht es beim Einschleifen-Lernen also darum, einen „Fehler" zu finden oder einen Mangel zu beheben, d. h. das Einschleifen-Lernen reicht dort aus, wo die Irrtumsberichtigung darin bestehen kann, Organisationsstrukturen und Annahmen *innerhalb* eines konstanten Rahmens von Leistungswerten und -normen zu ändern. Das Theater stellt beispielsweise fest, dass die Werkstätten einige Monate in der Spielzeit permanent überbelastet, in anderen Zeiträumen dagegen unterbelastet sind. Durch die Einführung eines konsequenten Projektmanagement wird versucht, dieses Problem zu beheben. Oder ein Museumsleiter bemerkt, dass sich an den beiden Kassen sonntags immer lange Schlangen bilden; er eröffnet an diesem Tag eine dritte und vierte Kasse. Dieses Lernen richtet sich auf „Irrtümer erster Ordnung", ist instrumental und bezieht sich somit in erster Linie auf die Effektivität, d. h. konzentriert sich auf die Frage, wie man am besten Ziele erreicht und die Organisationsleistung in dem Bereich hält, der von den bestehenden Normen und Werten vorgegeben wird. Kernfrage ist dabei: „Do we do the things right?"
Dieses Lernen klappt allerdings nur, wenn in der Organisation die Aufnahme und Kommunikation von Feedback reibungslos funktioniert. In vielen Fällen scheitert allerdings organisatorisches Lernen bereits an dieser Basisvoraussetzung, d. h. Feedback wird auf vielfältige Weise abgewehrt, indem z. B. die Annahme kulturmanagerialer Methoden prinzipiell abgelehnt wird, weil Kunst und Management angeblich nichts miteinander zu tun hätten. Argyris/Schön weisen ironisch darauf hin, „wie man gemeinsam lernen kann, Denk- und Handlungsmuster zu pflegen, die produktives organisatorisches Lernen verhindern. Man kann beispielsweise lernen, auf einen Irrtum zu reagieren, indem man einen Sündenbock sucht, Spielchen mit einseitiger Kontrolle spielt oder die Kontrolle umgeht, systematisch zu Täuschungen greift, seine wahren Absichten verbirgt und Tabus aufrecht erhält, die eine Erörterung wichtiger Fragen unmöglich machen" (Argyris/Schön 1999: 35). Es ist zu vermuten, dass die in den 90er Jahren versuchte Durchsetzung neuer Steuerungsmodelle in den kommunalen Kulturverwaltungen vielerorts genau auf dieser Ebene gescheitert ist.

3.4 Lernende Kulturorganisation

2. Das *„Doppelschleifen*-Lernen" (*Double-Loop-Learning*) dagegen bezeichnet ein Lernen, das viel grundlegender zu einem *Wertewechsel* sowohl hinsichtlich der handlungsleitenden Theorien als auch der Strategien und Annahmen, also der „behaupteten", Aktionstheorie führt. Es befasst sich mit „Irrtümern zweiter Ordnung" (z. B. dem „Versagen, bestehende Praktiken in Frage zu stellen"), und es stehen die Prämissen der kollektiven Handlungstheorien selbst zur Disposition, da sich die bis dahin gültigen Grundwerte und -überzeugungen als problematisch erwiesen haben. Auf dieser Ebene stellt z. B. ein Museum plötzlich fest, dass es überhaupt keine Vision hat, d. h. dass es keinerlei eigene Vorstellung davon hat, wie sich die Umwelt und die eigene Einrichtung in fünf, zehn Jahren entwickeln werden, dass in der Vergangenheit und Gegenwart keine Strategien diskutiert wurden usw. Hier geht es also nicht um eine Verbesserung von Mängeln oder die Beseitigung von Fehlern, sondern um eine grundsätzliche Neuorientierung: „Do we do the right things?"
Grundlegende Voraussetzung für dieses Lernen sind Offenheit und Unvoreingenommenheit im Organisationsklima. Dieser Prozess vollzieht sich nicht selten als ein „Entlernen" („unlearning") bestehender Orientierungen, damit Raum geschaffen wird für neue Wahrnehmungen und Konzepte. Dabei kann das Doppelschleifen-Lernen sowohl durch Einzelpersonen erfolgen, wenn ihre Untersuchung zu einer Änderung der Werte ihrer handlungsleitenden Theorien führen, als auch durch Organisationen, wenn Individuen im Namen einer Organisation eine Untersuchung so durchführen, dass sich die Werte der handlungsleitenden Theorie der Organisation ändern. Dieses Lernen vollzieht sich unter Umständen als ein Konfliktbewältigungsprozess zwischen Organisationsmitgliedern und Gruppen in der Organisation.

3. Als eine dritte Ebene kann das sog. *„Deutero"*-Lernen bezeichnet werden, das *„Lernen des Lernens"* („learning how to learn"). In diesem Prozess wird das Wissen vergangener Lernprozesse (Single- und Double-Loop-Learning) gesammelt. Dabei werden Lernkontexte reflektiert und Lernverhalten, Lernerfolge bzw. Misserfolge thematisiert. Es geht hierbei um „den gesamten Interventions- und Veränderungsprozess, durch den sich die Akteure ihrer jeweils gebrauchten individuellen und organisationalen Handlungsmuster bewusst werden und Verfahrensweisen zu deren Überwindung erlernen können" (Brentel 2000: 17). Damit soll u. a. erreicht werden, dass sich die Organisation dauerhaft lernbereit hält. Dies ist sicherlich die avancierteste Form organisationalen Lernens. Ihr Ziel ist der „exzellente Kulturbetrieb", der sich quasi jeden Tag „neu erfindet".

Als ein Beispiel für die Brisanz von *Ein-* und *Zweischleifenlernen* kann das Schicksal der guten alten Schreibmaschine gelten. In den achtziger und neunziger Jahren des letzten Jahrhunderts wurden in der Weiterentwicklung der typischen mechanischen Hebel-Schreibmaschine große Schritte gemacht: Zunächst kam die elektrische Schreibmaschine, die die Hebel nicht mehr mechanisch, sondern elektrisch bewegte, danach wurde das Typenrad entwickelt, das die Schrifttypen auf einem sich rasend schnell drehenden Rad platzierte; schließlich kam der Kugelkopf. Dann wurden Korrekturbänder erfunden, mit deren Hilfe Schreibfehler rasch korrigiert werden konnten und schließlich kam die Entwicklung kleiner Displays, die das Speichern und damit Korrigieren erneut verbesserten – ein typisches Einschleifenlernen. Warum: Es wurde bei allen diesen Verbesserungen völlig übersehen, dass quasi „nebenan" ein Konkurrent entstand, der Personal Computer, der alle diese avancierten Fähigkeiten sehr viel besser in sich vereinigte. Nun fristet die gute alte Schreibmaschine ihr Dasein letztlich nur noch als Lückenbüßer beim Ausfüllen von Formularen, die noch nicht digitalisiert worden sind.

Was hindert nun Organisationen, im Doppelschleifen-Verfahren zu lernen? Argyris/Schön machen hierfür aufgrund ihrer empirischen Forschungen vor allem das „defensive" (im Gegensatz zum „produktiven") Denken in Organisationen verantwortlich. Die Leitwerte dieses defensiven Denkens sind auf die Abschottung und die Durchsetzung der eigenen Handlungsrationalität ausgerichtet, auf die Verteidigung der eigenen Position innerhalb der Organisation. Die Zuschreibung von Ursachen erfolgt stets auf die Weise, dass sie von anderen nicht untersucht und nicht getestet werden können. Als Konsequenz hieraus ergeben sich vorwiegend defensive Routinen organisationalen Handelns wie z. B. ein ausgeprägtes Abwehrverhalten, das Vertuschen von Fehlern, Prozesse, die sich selbst verriegeln usw. Das gesamte Abwehrverhalten der Organisation beruht daher auf einer Logik, die in ihren Auswirkungen auf Einzelne und Organisationen stark und tief ist und die sich – sarkastisch formuliert – anhand von vier Regeln ausdrückt:

1. Gib Botschaften aus, die Widersprüche enthalten!
2. Handle so, als wären die Botschaften nicht widersprüchlich!
3. Tabuisiere die Mehrdeutigkeit und den Widerspruch in der Botschaft!
4. Tabuisiere auch die Tabuisierung des Tabuisierten!

Als Beispiel für eine Botschaft, die diesen Regeln entspricht, nennen Argyris/Schön den Satz eines Firmenchefs an seine Untergebenen: „Wir ermuntern jeden, innovativ und risikofreudig zu sein. Natürlich erwarten wir von Ihnen auch, dass sie Schwierigkeiten vermeiden" Argyris/Schön 1999: 111). Dagegen setzen Argyris/Schön das produktive Denken in der Organisation.

Im Anschluss an Argyris/Schön entfaltete Peter M. Senge Ende der neunziger Jahre die „Kunst und Praxis der lernenden Organisation" (so der Untertitel

3.4 Lernende Kulturorganisation

seiner einschlägigen Publikation) in fünf Disziplinen, die zur Durchsetzung einer solchen Organisationsform unabdingbar sind (Senge 2001: 14ff.). Im Einzelnen handelt es sich um folgende fünf Disziplinen, die für die Realisierung einer lernenden Kulturorganisation notwendig sind:

1. Der *Aufbau einer Personal Mastery*; Personal Mastery meint dabei, dass jeder Mitarbeiter der Kulturorganisation seine eigene, persönliche Vision (sein „Lebensziel") kontinuierlich klärt und vertieft und dass er seine Energien auf dieses Ziel hin bündelt, Geduld entwickelt und die Realität möglichst objektiv, d. h. auch mit den Augen der Anderen (und nicht nur aus seiner Sicht) betrachtet. Diese Inhalte machen die Disziplin der Personal Mastery zu einem wesentlichen Eckpfeiler der lernenden Kulturorganisation – quasi zu ihrer geistigen Grundlage. Denn das Engagement einer Kulturorganisation, zu lernen kann immer nur so groß sein wie das ihrer Mitglieder zu lernen, und sich weiter zu entwickeln. Deshalb ist die individuelle Fortentwicklung unabdingbare Voraussetzung für eine Fortentwicklung der gesamten Kulturorganisation.

2. Das *Lernen als Team-Lernen*; das Prinzip des Team-Lernens innerhalb einer Kultureinrichtung beginnt mit dem Dialog, mit der Fähigkeit der Teammitglieder, permanent eigene Annahmen „aufzuheben" und sich auf ein tatsächliches „gemeinsames Denken" einzulassen. Für die Griechen bedeutete dia-logos das ungehinderte Fluten von Sinn, von Bedeutung in einer Gruppe, wodurch diese zu Einsichten gelangen kann, die dem Einzelnen verschlossen sind. Zur Disziplin des Dialogs gehört auch, dass man bestimmte Interaktionsstrukturen erkennt, die das Lernen im Team behindern. Häufig ist das Verhalten eines Teams von tiefen Abwehrmechanismen gegeneinander geprägt. Wenn diese Strukturen nicht erkannt werden, machen sie jedes Lernen unmöglich. Wenn man sie aber erkennt und sich kreativ damit auseinandersetzt, können sie das Lernen vorantreiben. Das Team-Lernen ist von entscheidender Bedeutung, weil Teams, nicht einzelne Menschen, die elementare Lerneinheit in heutigen Organisationen bilden. Nur wenn Teams lernfähig sind, kann die Kulturorganisation lernen.

3. Das *Entwickeln einer gemeinsamen Vision*; wenn es je eine Führungsidee gab, die Organisationen seit ewigen Zeiten inspiriert hat, so ist es die Fähigkeit, eine gemeinsame Zukunftsvision zu schaffen und aufrecht zu erhalten (vgl. hierzu das nächste Kapitel). Man kann sich nur schwer vorstellen, dass irgendeine große Organisation auf Dauer ohne gemeinsame Ziel und Wertvorstellungen sowie Botschaften erfolgreich sein könnte. Wenn eine echte Vision vorhanden ist (im Gegensatz zu den allseits bekannten bloßen „Visions-Erklärungen", ironisch auch als „MacVisions" bezeichnet), wachsen die

Menschen über sich selbst hinaus: Sie lernen aus eigenem Antrieb und nicht, weil man es ihnen aufträgt. Zur Disziplin der gemeinsamen Vision gehört die Fähigkeit, gemeinsame Zukunftsbilder freizulegen, die nicht nur auf Einwilligung stoßen, sondern echtes Engagement und wirkliche Teilnehmerschaft fördern.

4. Das *Erkennen mentaler Modelle*; mentale Modelle sind tief verwurzelte Annahmen, Verallgemeinerungen oder auch Bilder und Symbole, die großen Einfluss darauf haben, wie wir die Welt wahrnehmen und wie wir handeln. Sehr häufig sind wir uns dieser mentalen Modelle oder ihrer Auswirkungen auf unser Verhalten nicht bewusst. Die Disziplin der mentalen Modelle beginnt damit, dass man den Spiegel quasi nach innen kehrt und lernt, die „inneren Bilder", die man von der Welt hat, aufzudecken, sie an die Oberfläche zu holen und einer kritischen Betrachtung zu unterziehen. Die Arbeit mit mentalen Modellen erfordert ferner die Fähigkeit, lernintensive Gespräche zu führen, in denen die Beteiligten sowohl erkunden als auch plädieren, in denen sie klar zum Ausdruck bringen, was sie denken und ihr Denken für die Einflüsse anderer öffnen.

5. Das *Denken in Systemen*; Kulturbetriebe sind wie alle Organisationen soziale Systeme; sie sind durch ein unsichtbares Gewebe von zusammenhängenden Handlungen verbunden, die oft erst nach Jahren ihre volle Wirkung aufeinander entfalten. Das Systemdenken macht den subtilsten Aspekt der lernenden Organisation deutlich – dass nämlich Menschen lernen, sich selbst, ihre Handlungen und ihre Welt permanent mit anderen Augen zu sehen. Systemisches Denken ist also eine wesentliche Voraussetzung für eine lernende Kulturorganisation.

3.5 Zusammenfassung: Das systemische Denken

Im zweiten Kapitel wurde bereits ausführlich darauf hingewiesen, wie sehr die klassischen Organisationstheorien durch das *mechanistische* Weltbild des 19. Jahrhunderts geprägt waren – und vielfach nach wie vor *sind*. An dieser Stelle soll nun – in direktem Kontrast zu dem in 2.4 Dargestellten – auf die wesentlichen Merkmale des *systemisch-konstruktivistischen* Denkens hingewiesen werden.

- Im systemisch-konstruktivistischen Weltbild gibt es keine unerschütterlichen, harten Fakten, sondern nur Beobachtungen und Konstrukte. Die soziale Wirklichkeit ist nicht „da", sie wird hergestellt. Dementsprechend gibt es

3.5 Zusammenfassung: Systemisches Denken

nicht *die* eine Wahrheit bzw. Objektivität, sondern es gibt nur Wirklichkeitskonstruktionen und dementsprechend viele „Wahrheiten".
- Ebenso gibt es nicht *die* Wirklichkeit, sondern nur die Wirklichkeit der Beobachtenden; d. h. die Wirklichkeit *ist* nicht, sondern sie wird *gesehen*. Dementsprechend hängt alles von den jeweiligen Beobachtungsperspektiven und Unterscheidungen ab. Die „Bilder von der Wirklichkeit" regulieren den Zugang zu ihr und definieren den jeweiligen „Aus-Schnitt" aus der unendlichen Fülle der Möglichkeiten, der jeweils nur behandelbar ist.
- Statt starrer Dichotomien (*richtig/falsch, schuldig/unschuldig*) zählt stets die Kontextabhängigkeit, die Nützlichkeit und die Anschlussfähigkeit der Aussagen. Es kommt dementsprechend weniger auf die einzelne Person (den „Führer") an, denn jede Person ist in sachlichen, sozialen und zeitlichen Kontexten verortet. Niemand kann alles überblicken und beeinflussen, da jeder notgedrungen über einen „blinden Fleck" verfügt.
- An die Stelle von Fremdsteuerung treten zunehmend Selbststeuerung und Selbstorganisation; die Handlungs- und Personenzentrierung („Täter-Opfer"-Schema) wird durch eine Interaktions- und Kommunikationszentrierung überwunden.
- Lineare Kausalketten werden durch vielfältige Wechselwirkungen und Feedbackschleifen ersetzt; niemand weiß alles und kennt „das Ganze". Akteure nehmen lediglich Bruchteile und Ausschnitte wahr, und nur deshalb können sie überhaupt handeln. Wer alles bedächte und berücksichtige, könnte nicht mehr handeln!
- An die Stelle messbarer Unterschiede treten *Unterscheidungen* und Veränderungen, denn Beobachtung beruht auf Unterscheidung. Nur durch bewusste Grenzziehung wird Überschaubares vom unbeherrschbar komplexen Umfeld abgesondert und der Analyse zugänglich.
- Linearer Fortschritt wird ersetzt durch Entwicklung, Veränderung und Bewahrung und Deblockierungen.
- Wichtiger als formale Logik und Widerspruchsfreiheit sind die Integration von Widersprüchen und die Einbeziehung.
- Rationale Beziehungen und „harte Fakten" werden ersetzt durch die Integration von harten *und* weichen Faktoren wie Emotionen, Intuitionen und vielfältige Kommunikationsprozesse; statt Hierarchie: Heterarchie; statt Linie: Netz; statt Zentralismus: Polyzentrismus; statt Heteronomie: Autonomie; statt Fremdbestimmung: Selbstorganisation; statt Einfachheit, Eindeutigkeit und Transparenz: Komplexität, Kontingenz und Mehrdeutigkeit; statt Konsens: Differenz und Dissens.

- Statt der Rollen von Führern und Geführten tauchen nun neue Rollenbilder auf, etwa die der „Impulsgeber", der „Gärtner", der „Befähiger", der „Entwicklungshelfer" und der „Coachs".
- Methoden sind weniger Instruktion, Anordnung und Befehl als vielmehr Zuhören, Fragen, Dialog, Diskussion, Reflexion und Lernen des Lernens (Königswieser/Hillebrand 2007: 28; Neuberger 2002: 638ff).

3.6 Leadership in systemischer Sicht

Aus dem bisher Gesagten dürfte deutlich geworden sein, dass das oben dargestellte „defensive Denken", in dem (wenn überhaupt) nur im Einschleifenmodus gelernt wird, wenig zukunftsfähig ist; dennoch bewegen sich viele öffentliche Kultureinrichtungen nur auf diesem Niveau. Damit das sehr viel zukunftsfähigere produktive Zwei-Schleifen-Lernen, Realität werden kann, bedarf es einer Reihe von Voraussetzungen und zwar zum einen bei der Führungsperson, zum anderen hinsichtlich der organisationalen Voraussetzungen.

Kets de Vries benennt einige der Eigenschaften, die idealerweise eine Führungspersönlichkeit auszeichnen sollten, so z. B. eine hohe eigene berufliche Kompetenz, ein Talent zu abstraktem Denken, den Besitz einer eigenen Vision und von Phantasie, die Fähigkeit, konstruktive interpersonale Beziehungen aufzubauen sowie Charme, Humor und Entschlossenheit (Kets de Vries 1998: 39). Über diese Befähigungen hinaus muss nach Argyris/Schön eine „lernende Führungspersönlichkeit" stets „die Angemessenheit ihrer Organisationskultur prüfen, deren Dysfunktionalität ermitteln und ihre Umwandlung fördern, indem sie erstens die Grundannahmen zu ‚Lernannahmen' macht und zweitens diese Annahmen dann in der Kultur der Organisation pflegt. Zu den wichtigsten Lernannahmen gehören:

⇨ Die Menschen wollen einen Beitrag leisten, und man kann ihnen dies zutrauen; man sollte sich dazu bekennen, dass man nichts weiß, ein Lernender werden und versuchen, andere ebenfalls dazu zu bringen, und so die Verantwortung für das Lernen verbreiten; der Lernprozess muss letztlich Teil der Kultur werden" (Argyris/Schön 1999: 196).

Dabei ist das „Managen der Kultur" einer Organisation in gewisser Weise ein Widerspruch, da Kultur, auch Organisationskultur, gerade dadurch definiert ist, dass sich etwas entwickelt und wächst. Managen dagegen ist das bewusste Handeln und das gezielte Eingreifen. Trotz dieses Spannungsverhältnisses steht aber außer Zweifel, dass Kulturen sehr stark durch Einzelne geprägt werden können – und so ist auch dieses Konzept zu verstehen. Letztendlich müsste das Ziel der

3.6 Leadership in systemischer Sicht

lernenden Organisation sein, dass Führungspersönlichkeiten in ihr überflüssig werden bzw. längerfristig jedes einzelne Mitglied der Organisation diese Funktion übernehmen könnte.

Während im traditionellen Konzept der Organisationsentwicklung von einem als wünschenswert gedachten „Gleichgewichtszustand" (also nach wie vor dem Bild der „großen Maschine") ausgegangen wird, der grundsätzlich anzustreben (und bei eventuellen Störungen rasch wiederherzustellen) ist, begreift die lernende Organisation (hier das Bild des „Organismus") die *Unruhe*, den *Wandel*, das *Wachsen* als den Normalfall, da sie Grundlage der Fortentwicklung sind. Sie weiß, dass kaum etwas Stabilität hat und richtet sich entsprechend darauf ein. Der Wandel wird im Konzept der sog. Organisationsentwicklung als ein *separates* Problem begriffen, das ggf. durch Hilfe von außen (Berater) zu steuern ist; in der lernenden Organisation wird Veränderung dagegen als der Normalfall begriffen, d. h. die Veränderung braucht keinen Anstoß mehr von außen, sondern findet tagtäglich statt. Im Gegensatz zu dem Eingriff von außen im Konzept der Organisationsentwicklung braucht die lernende Organisation auch kaum Kompetenz von außen, sondern besitzt diese breitflächig in ihren permanent lern- und entwicklungsbereiten Mitarbeitern.

Neben der lernenden Führungspersönlichkeit, die selbst bereit ist, sich tagtäglich dem Lernen zu öffnen, sind eine Reihe von Organisationsstrukturen, -prozessen und -bedingungen notwendig, um das produktive Lernen von Organisationen zu ermöglichen. Hierzu zählen beispielsweise „flache", dezentrale Organisationsstrukturen und spezifische Informationssysteme, die ein schnelles, öffentliches Feedback auf die Leistungen der Organisation sowohl als Ganzes als auch ihrer verschiedenen Teile liefern. „Fehler" sind möglich, gewünscht und sollten schnellstens erkannt und reflektiert werden (vgl. hierzu Hochreither 2004).

Richard Beckhard, einer der Gründerväter der Organisationspsychologie, formulierte schon 1969 grundlegende Bedingungen für eine „gesunde Organisation"; hierzu zählen vor allem die folgenden Kriterien.

- Ein starkes Vertrauen und eine hohe Wertschätzung der Organisationsmitglieder untereinander; man vertraut einander und hilft sich gegenseitig;
- ein offenes, problemorientiertes Organisationsklima; Schwierigkeiten und Probleme werden nicht vertuscht oder einzelnen Organisationsmitgliedern angelastet, sondern festgestellt, kommuniziert, reflektiert und wo möglich beseitigt;
- die Zielerreichung und nicht der Machterhalt einzelner Personen oder Gruppen stehen im Vordergrund; dies gilt auch und gerade für die verschiedenen Führungsebenen;

- nach Möglichkeit decken sich die formale (Hierarchieebenen) und die funktionale (Experten-)Autorität weitgehend;
- die einzelnen Organisationsmitglieder verfügen über weitreichende, nichts desto trotz jedoch genau festgelegte Handlungsspielräume (quasi „Leitplanken, innerhalb derer sie ihre Entscheidungen selbstständig treffen können und sollen");
- dementsprechend werden alle Entscheidungen dort getroffen, wo die besten Informationen und somit die höchste Kompetenz zur Verfügung stehen;
- die Motivation der Mitarbeiter zur eigenständigen Entwicklung neuer Ideen und Initiativen wird permanent gefördert;
- das Entscheidungssystem der Organisation ist sowohl leistungsbezogen wie auch auf die persönliche Entwicklung der Mitarbeiter ausgerichtet; organisationales „Wachsen" bedeutet gleichzeitig individuelles Wachsen jedes einzelnen Organisationsmitgliedes;
- die Organisationsmitglieder kontrollieren sich in großem Umfang selbst im Sinne des „Controlling";
- die hierarchische Kontrolle „von oben" wird so weit wie irgend möglich eingeschränkt und abgebaut;
- die Organisationsmitglieder interessieren sich für ihre Arbeit und sie identifizieren sich mit dieser und mit der Organisation;
- Konflikte entstehen aus dieser Sicht aus sachlichen Kontroversen über Problemlösungen und zielen auf eine Verbesserung der Aufgabenvollzüge; sie entstehen nicht aus persönlichen Machtspielchen;
- die Organisation ist proaktiv, d. h. sie versucht, Probleme so früh als möglich zu antizipieren, um rechtzeitig Lösungsmöglichkeiten zu suchen und Maßnahmen in die Wege leiten zu können (Beckhard 1969).

Eine weitere wichtige Voraussetzung ist die Schaffung eines Klimas, in dem „Fehler" möglich sind. Im Konzept der „klassischen" Organisationstheorie, die der Idee von der „großen Maschine" anhing, durften Fehler nicht vorkommen bzw. mussten, wenn sie es dennoch taten, so rasch wie möglich erkannt und beseitigt werden. In der lernenden Organisation werden sie als ein Indiz für Unerwartetes, Unvorhergesehenes gesehen, das es zu bearbeiten gilt.

Vergleicht man diese Überlegungen mit dem Zustand, in dem sich die meisten, vor allem öffentlichen Kulturorganisationen in Deutschland gegenwärtig befinden, so wird die große Differenz zu den vorherrschenden bürokratischen Strukturen unmittelbar deutlich. Weick bezeichnet die von ihm intendierte Sichtweise von Organisation – in direktem Gegensatz zu den „stahlharten Gehäusen" (Max Weber) – explizit als ein „chronicaly unfrozen system" (Weick 1977: 39ff.). Solche „aufgetauten" Systeme zeichnen sich dadurch aus, dass alle Vorkommnisse der Umwelt als problematisch behandelt werden, dass vergange-

3.6 Leadership in systemischer Sicht

nes Lernen nicht viel zählt und dass auf eine auf Erfahrung basierende Effizienz („Das haben wir doch immer schon so gemacht!") verzichtet wird.

Zweifelsohne ist mit dieser pointierten Feststellung der Gegenpol jenes Gewissheitsdenkens markiert, das die traditionelle Organisationstheorie eines Fayol, Taylor oder Max Webers auszeichnete – gleichwohl dürfte es die Realität und ihre Herausforderungen sehr viel besser abbilden als die klassischen Modelle. Denn was nützt alle Sicherheit angesichts von permanenter Mehrdeutigkeit und Ambiguität, d. h. wenn diese (scheinbaren) Gewissheiten doch nur zum Preis weitreichender, oft höchst illusionärer Annahmen erkauft werden?

Aus Weicks (sicherlich provozierender) Perspektive löst sich die Organisation als Instrument, als „große Maschine", weitestgehend auf und tritt zunehmend der „Prozess des Organisierens" ins Zentrum der Überlegungen. Organisieren dient für Weick dazu, „die Spannweite der Möglichkeiten zu verkleinern, die Zahl der Ergebnisse, die auftreten können, zu verringern. Die Tätigkeit des Organisierens zielt auf die Herstellung eines tragfähigen Sicherheitsniveaus. Eine Organisation versucht, mehrdeutige Information umzuformen bis zu einem Grad an Eindeutigkeit, mit dem sie arbeiten kann und an den sie gewöhnt ist. Das bedeutet, dass absolute Sicherheit selten erforderlich ist." Dies hat zur direkten Konsequenz, dass die Mitglieder von Organisationen „beträchtlich viel Zeit damit (verbringen), untereinander eine annehmbare Darstellung dessen, was vor sich geht, auszuhandeln. Diese Tätigkeit als solche wird festgehalten durch den Ausdruck konsensuelle Validierung, der Inhalt der Tätigkeit wird festgehalten durch den Ausdruck Reduktion von Mehrdeutigkeit" (Weick 1995: 15f).

Wie muss nun eine solche permanent lernende Organisation konfiguriert sein, um arbeitsfähig zu sein? In der Organisationstheorie werden einige wesentliche Merkmalen aufgelistet (vgl. hierzu Schreyögg 1998: 556f.).

- Lernende Organisationen lösen sich zunehmend von dem Steuerungsinstrument Organisationsstruktur und hier insbesondere von der Hierarchie.
- An die Stelle struktureller Verordnungen (von oben nach unten) treten zunehmend mündliche Kommunikation und hierarchiefreie Vernetzung der einzelnen Mitarbeiter bzw. Arbeitseinheiten.
- An die Stelle der starren Koppelungsbeziehungen der Struktur (z. B. der bürokratische „Dienstweg") treten entkoppelte Systemstrukturen im Sinne einer nahezu vollständigen Flexibilisierung der Kommunikationsbeziehungen innerhalb der Organisation (jeder kann/darf/soll mit jedem sprechen).
- Die Organisation wird als eine Einrichtung gesehen, in der sämtliche Kommunikationen und Handlungen dem Lernen verpflichtet sind und ohne Ausnahme alle organisatorischen Prozesse zu Lernprozessen werden.

Allerdings wird keine Organisation ohne gewisse Strukturen arbeiten können (wobei allerdings ausschlaggebend ist, welche Gewichtigkeit diese haben). „Strukturen" können definiert werden als normative Erwartungen, die in der Überfülle der Möglichkeiten, jedes Element mit jedem anderen zu verknüpfen, ein definiertes Muster geltender, üblicher, erwartbarer Relationen festlegt (vgl. hierzu ausführlich Luhmann 1964). Sie sind in gewisser Weise „enttäuschungsresistent", d. h. auf sie kann im Notfall zurückgegriffen werden, wenn andere, neue Lösungen nicht funktionieren. Dieser Umstand ist für die Systembildung und -erhaltung einer Organisation konstitutiv: Das System, also die jeweilige Organisation, muss nicht auf jeden Impuls aus der Umwelt reagieren. Das Regelwerk (die Systemstruktur) übernimmt vielmehr Leistungen, die durch Lernprozesse nicht erbracht werden, nämlich die der (gewissen) Stabilisierung der Organisation.

Es geht bei der lernenden Organisation also nicht um eine Dichotomie, um einen unüberbrückbaren Gegensatz von Struktur *oder* Lernen, sondern es geht um Struktur *und* Lernen. Für die Kulturorganisation bedeutet dies, dass die notwendige Stabilisierung selbst in einen Lernprozess eingebettet werden muss, d. h. die Organisation muss „lernen", dass eine gewisse Strukturierung und Stabilisierung durchaus Sinn macht. So können z. B. aus der Formalisierung bestimmter Abläufe durchaus Vorteile zu ziehen sein – ohne allerdings diese Strukturierung zu verabsolutieren. „Die Stabilisierung, verstanden als die Etablierung nicht-lernender Handlungssequenzen (formale Organisation), wird so gesehen als rücknehmbarer Sonderfall eingerichtet. Im Unterschied zum Gleichgewichtsmodell, in dem die Veränderung der Problemfall ist, liegen im Lernkonzept die Problembezüge in der temporären Stabilisierung" (Schreyögg 1998: 559).

Gefragt wird in diesem Konzept also nicht: Wann soll die Organisation lernen?, sondern genau umgekehrt: Unter welchen Bedingungen ist es für eine prinzipiell lernende Organisation sinnvoller, einmal explizit nicht zu lernen (vgl. hierzu Simon 2007)? Weick hat dieses Spannungsverhältnis von prinzipieller Lernbereitschaft einerseits und partiellem Stabilisierungsdenken auf die anschauliche, paradoxe Formel gebracht: „Organisationen, die ihre früheren Erwartungen sowohl glauben als auch bezweifeln, behalten größere Flexibilität und Anpassungsfähigkeit" (Weick 1998: 17).

3.7 Das Menschenbild der lernenden Organisation: McGregors Theorie X und Y

Den klassischen Organisationstheorien wie den auf ihr aufbauenden aktuellen Ansätze, insbesondere der Bürokratietheorie, liegen ganz bestimmte explizite, vor allem aber implizite Annahmen über die Natur des Menschen bzw. über ein bestimmtes Menschenbild zugrunde, das McGregor als *Theorie X* bezeichnet. „Im Zentrum steht dabei die Beobachtung, dass die Gestaltung organisatorischer Maßnahmen ganz wesentlich dadurch geprägt ist, wie die Entscheidungsträger die Mitarbeiter sehen sowie welches Bild von Mitarbeitern in einer Organisation vorherrschend ist und von den Entscheidungsträgern ihren Gestaltungsmaßnahmen zugrunde gelegt wird. Dabei kommt es gar nicht darauf an, ob sich der Einzelne dieses Bildes bewusst ist oder nicht. McGregor geht vielmehr davon aus, dass es sich hier im Wesentlichen um implizite Menschenbilder handelt, die das Handeln und damit auch die Gestaltungsmaßnahmen prägen" (Schreyögg 1998: 225).

- Der Durchschnittsmitarbeiter hat eine angeborene Abneigung gegen Arbeit und versucht, ihr aus dem Weg zu gehen, wo er nur kann („opportunistisches Verhalten"). Die Aufseher im Museum, die Kassenfrauen, die Bühnenarbeiter haben vor allem ein Ziel: den Dienstschluss.
- Weil der Mitarbeiter durch Arbeitsunlust gekennzeichnet ist, muss er energisch geführt und streng kontrolliert werden, damit die Organisationsziele der Kultureinrichtung erreicht werden. Hier müssen die Dienstzeiten mit entsprechenden Zeiterfassungsgeräten erfasst werden und auch sonst immer wieder Kontrolle ausgeübt werden.
- Der Widerwille gegen die Arbeit ist so stark, dass sogar das Versprechen höheren Lohnes nicht reicht, ihn zu überwinden. Man wird zwar die Bezahlung annehmen, aber immer noch mehr fordern. Doch das Geld allein kann die Menschen nicht dazu bringen, sich genügend anzustrengen. Dazu bedarf es im Extremfall noch der Androhung von Sanktionen bei Zuwiderhandeln gegen die Regeln.
- Die Mitarbeiter ziehen es vor, Routineaufgaben zu erledigen; sie besitzen verhältnismäßig wenig Ehrgeiz und sind vor allem auf Sicherheit aus. Wenn man versucht, sie kreativ in den kulturellen Schaffensprozess einzubinden, werden sie das nicht als positiv, sondern eher als negativ empfinden.
- Dementsprechend scheuen sich die meisten Menschen vor der Übernahme von eigener Verantwortung. Man sollte sie ihnen deshalb auch nicht übertragen, weil man sonst nur enttäuscht wird.

Natürlich würde kein Museumsleiter, kein Theaterintendant, kein Musikschulleiter zugeben, dass er dieses Bild von seinen Mitarbeitern hat. Er würde sagen, dass er sich nach Kräften bemüht, die Konflikte mit den oft so störrischen Mitarbeiterinnen und Mitarbeitern zu lösen und es oft nicht verstehen kann, wieso seine Anstrengungen so wenig fruchten. Irgendwoher muss es allerdings kommen, dass in so vielen Kultureinrichtungen solche Konflikte gehäuft auftauchen. Unvergessen der Satz einer Museumskuratorin, die nach fünf Minuten die Aufseherausbildung mit den Worten verlässt: „So einen Mist brauche ich mir nicht anzuhören!" Gefragt – und beantwortet – worden war nur die Frage, welcher konkrete Einzelfall den Aufsehern dieses sehr großen und renommierten Museums in den letzten drei Monaten besonders zum Problem geworden ist. Achtzig Prozent der genannten Konflikte ergaben sich übrigens mit dem Haus selbst – nur zwanzig Prozent wurden durch Besucher verursacht!

McGregor geht nun davon aus, dass das *Theorie X*-Menschenbild, wie es viele Führungspersonen großer, insbesondere bürokratischer Organisationen vor Augen haben mögen, keineswegs dem entspricht, was die Menschen tatsächlich denken und wollen. Gestaltungsmaßnahmen, die sich an *Theorie X* orientierten, gerieten deshalb zwangsläufig in einen tiefen Widerspruch zu den menschlichen Bedürfnissen. Im organisatorischen Alltag eines Kulturbetriebs droht sich in Folge davon eine *Negativ-Spirale* aufzubauen. Es entwickelt sich eine Art *selbsterfüllende Prognose* (self-fulfilling-prophecy) bzw. ein Teufelskreis.

Organisatorische Gestaltungsmaßnahmen, die auf Kontrollbedürftigkeit und Passivität abstellen, lassen dem einzelnen Mitarbeiter keinen Freiraum zur Erfüllung seiner Fähigkeiten und Möglichkeiten. Der Lehrer beispielsweise, der in der Musikschule keinerlei Handlungsspielraum und Eigenverantwortung hat, wird dann eben auch „Dienst nach Vorschrift" machen, seine Stunden abhalten und sich nicht am „Tag der Offenen Tür" beteiligen. Diese Gängelung, die auf diesem Menschenbild aufbaut, führt bei ihm zu Enttäuschung, Verbitterung und Abkapselung (die oft zitierte „innere Kündigung"). Andere zu beobachtende Reaktionen sind deutlich gezeigte Passivität und Desinteresse bzw. Erkrankungen.

Mit dem Problem der Berufsunfähigkeit müssen sich vor allem die entsprechenden Versicherungen auseinandersetzen. So stellte der Heidelberger Finanzdienstleister *MLP* in einer Untersuchung aus dem Jahr 2006 fest, dass der Hauptgrund für Berufsunfähigkeit bei Männern zu 28% in *psychischen* Gründen liegt (gefolgt mit weitem Abstand von 18% Ursachen, die im Bewegungsapparat liegen) und bei Frauen dominieren die psychischen Ursachen gar mit 38% (ebenfalls gefolgt von 18% Gründen im Bewegungsapparat) (Versicherung gegen Berufsunfähigkeit wird teurer, F.A.Z. 2006). Dies sollte jeder Organisation und jedem Unternehmen zu denken geben.

Diese problematischen Phänomene werden nun wiederum von den verantwortlichen Organisationsgestaltern und Entscheidungsträgern als Beleg für die

3.7 Mc Gregors Theorie X und Y

Richtigkeit ihres *Theorie X*-Menschenbildes (miss-)verstanden. Sie fühlen sich immer wieder bestätigt in dem, „was sie sich doch immer schon gedacht hatten" und sehen sich dadurch aufgefordert, noch mehr Kontrolle und noch rigidere Auftragsvergaben durchzuführen. Weil die Lehrer nicht bereit sind, sich am Musikschultag zu beteiligen, müssen sie noch mehr kontrolliert werden, damit sie „wenigstens ihre Pflichtaufgaben ordentlich erledigen", wie dann häufig gesagt wird.

Das Hauptproblem liegt nach McGregor allerdings in einer falschen Kausalvermutung. Nicht das fehlende Interesse oder das Streben nach Bequemlichkeit geben Veranlassung für ein solches Organisationsverhalten, sondern umgekehrt: Diese Art der Organisationsgestaltung und das handlungsleitende Menschenbild der *Theorie X* sind die eigentlichen Wurzeln eben dieser Verhaltensweise der Organisationsmitarbeiter (vgl. hierzu Schreyögg 1998: 227). McGregor plädiert deshalb dafür, die (meist unbewusst vertretene) *Theorie X*, die gleichwohl das Handeln vieler Führungspersönlichkeiten tiefgreifend beeinflusst, bewusst zu machen, ihre Kritikbedürftigkeit zu belegen und sie durch ein neues, erfolgsversprechenderes Menschenbild auf der Basis von *Theorie Y* zu ersetzen.

Das implizite Menschenbild der *Theorie Y* geht dementsprechend von genau den entgegengesetzten Prämissen aus – wobei die inhaltliche Nähe zu dem Modell von Chester Barnard unübersehbar ist. Die Verausgabung durch körperliche und geistige Anstrengung beim Arbeiten kann als ebenso natürlich gelten wie Spiel oder Ruhe. Es gibt ein oft zu beobachtendes Faktum in der Arbeit von Kultureinrichtungen, insbesondere bei Kulturprojekten wie Festivals oder bei Theaterpremieren: Wenn es darauf ankommt, wachsen die allermeisten Mitarbeiter weit über sich hinaus, schauen nicht auf die berühmt-berüchtigte Uhr, die den Dienstschluss verkündet, sondern engagieren sich voll und ganz für die Sache und leisten manchmal kaum für möglich Gehaltenes.

- Für Ziele, denen sie sich verpflichtet fühlen und die sie als sinnvoll erkennen, erlegen sich Menschen bereitwillig Selbstdisziplin und Selbstkontrolle auf. Es ist nicht „der Chef", der das will, sondern sie selbst wollen ihren Beitrag leisten.
- Wie sehr sich Menschen organisatorischen Zielen verpflichtet fühlen, ist eine Frage, inwieweit ihre Erreichung zugleich eine Erfüllung persönlicher Ziele erlaubt. Statt sie mit Zeiterfassungsgeräten herabzuwürdigen, sollte man den Mut haben, ihnen ihre Zeitgestaltung so frei wie möglich zu überlassen – unter der Voraussetzung, dass sie dann hundertprozentig „da" sind, wenn es darauf ankommt.
- Die Gabe, Vorstellungskraft, Urteilsvermögen und Kreativität für die Lösung organisatorischer Probleme zu entwickeln, ist in der Bevölkerung weit verbreitet und nicht nur bei Minderheiten. Unter den Bedingungen der mo-

dernen Arbeit sind die Talente, über die der Durchschnittsmensch verfügt, in der Regel nur zum geringen Teil genutzt. Der Finanzsachbearbeiter, der in einem Kulturamt für die Führung der Haushaltslisten zuständig ist, ist privat möglicherweise Bauträger und verhandelt mit Banken über Kredite. Er wäre also auch im Amt zu durchaus mehr „fähig" – vorausgesetzt, man lässt ihn!

- Bei geeigneten Bedingungen wollen Menschen Verantwortung nicht nur übernehmen, sondern sie suchen sie sogar. Verantwortungsvolles Handeln ist das Gegenteil von stupider Routinearbeit – und gerade im Kulturbereich sammeln sich die Kreativen. Man muss es nur einmal erlebt haben, zu welchen kreativen Höchstleistungen Bühnentechniker im Theater in der Lage sind, wenn sie die entsprechende künstlerische Idee des Regisseurs wirklich verstanden haben.

Dieses Menschenbild fordert die Führungskräfte dazu auf, organisatorische Bedingungen zu schaffen, die es den Mitgliedern ermöglichen, über eine Erfüllung der Organisationsziele hinaus zugleich ihre persönlichen Ziele und Erwartungen zu erreichen. Wesentliche Voraussetzungen hierfür sind die Dezentralisation von Entscheidungsprozessen, die Integration und Führung durch Ziele, die Delegation von Verantwortung, und wo möglich Gruppenentscheidungen. *Theorie Y* stellt die herkömmliche organisatorische Hierarchie als solche nicht generell in Frage, verweist aber darauf, dass es andere und sehr viel wirkungsvollere Mittel und Wege als Befehl, Gehorsam und Kontrolle gibt, um eine Organisation leistungsfähiger zu machen.

Der *Theorie Y*-Zirkel läuft also gerade *nicht* auf eine permanente (Selbst-) Enttäuschung hinaus – auch wenn es durchaus blauäugig wäre, hier nicht mit immer wieder mit Rückschlägen zu rechnen. In dieser Theorie wird dem Mitarbeiter zunächst großes Vertrauen entgegengebracht – und Vertrauen kann (und wird!) immer wieder enttäuscht werden, eben weil wir alle fehlbare Menschen sind. Aber der offenkundige circulus vitiosus, der Teufelskreis der frustrierenden, auf Bestätigung der Frustration lauernden und die Frustration immer weiter steigernden negativen Selbstbestätigung der *Theorie X* ist durchbrochen.

Die zukunftsorientierte Kultureinrichtung sollte daher so organisiert sein, dass sie – auf der Basis von *Theorie Y* – prinzipiell von hochmotivierten und engagierten Mitarbeitern ausgeht, die die gemeinsamen Ziele auch tatsächlich umsetzen *wollen*. Dieses sollte das in der Kulturorganisation grundsätzlich vorherrschende Menschenbild sein. Geschieht dann in der tagtäglichen Arbeit etwas Gegenteiliges, wird also gewährtes Vertrauen nicht erfüllt, so wäre daher die „Schuld" zunächst nicht bei dem einzelnen Mitarbeiter zu suchen, sondern viel eher zu fragen, welche Regelungen innerhalb der Organisation diesen möglicherweise dazu veranlasst haben, sich anders als erwartet verhalten zu haben.

3.7 Mc Gregors Theorie X und Y

Peter Drucker radikalisiert dieses Prinzip, wenn er schreibt: „Bewältigt eine Person, die ich mit einer Tätigkeit betraut habe, ihre Aufgaben nicht, so habe *ich* einen Fehler gemacht. Ich habe kein Recht, dieser Person Vorwürfe zu machen oder mich zu beschweren. Der Fehler liegt bei mir" (Drucker 2005: 159).

B Leadership in der Praxis des Kulturbetriebs

4 Die Führung der Kultureinrichtung

Was folgt nun aus den bisherigen Überlegungen? Damit eine (Kultur-)Organisation zielorientiert arbeiten kann, bedarf es der verbindlichen (Selbst-)Steuerung. Ob eine Kultureinrichtung hierarchisch oder kooperativ, ob sie autoritär oder partizipativ, ob zentralisiert oder dezentral gesteuert bzw. geführt wird: Irgendeine Einheit innerhalb der Organisation muss die grundlegende Richtung bestimmen und sicherstellen, dass das einmal festgelegte bzw. verabredete Ziel bzw. die Vision (vgl. hierzu ausführlich das nächste Kapitel) auch tatsächlich angestrebt und eingehalten wird – ganz im Sinne des englischen ‚controlling', was soviel wie ‚steuern' heißt (und im Deutschen leider immer noch recht häufig mit ‚kontrollieren' falsch übersetzt und verstanden wird).

4.1 Führung als „Steuerung" der Kultureinrichtung

„Führung" im Sinne von Steuerung findet deshalb also auch im demokratisch und partizipativ organisierten Team statt, dort in Form der Selbststeuerung. „Jeder Angehörige des Unternehmens trägt etwas anderes bei, doch alle seine Mitarbeiter müssen ein gemeinsames *Ziel* anstreben. Die Beiträge aller Mitglieder der Organisation müssen sich ineinander fügen, um ein in sich schlüssiges Ergebnis zu erzielen. Es darf keine Lücken, keine Brüche und keinen Doppelaufwand geben. Damit ein Unternehmen Ergebnisse erzielen kann, müssen also sämtliche Tätigkeiten auf die Ziele des Gesamtunternehmens ausgerichtet sein" (Drucker 2005: 141), fordert Peter Drucker.

Unter Führung versteht man dementsprechend die *personale* Seite der zielorientierten Steuerung von Prozessen und Kulturbetrieben (in Abgrenzung etwa zum Controlling, das sich eher auf die *prozessuale* Steuerung bzw. das Ressourcenmanagement konzentriert). Durch Führung sollen die einzelnen Mitarbeiter einer Kultureinrichtung veranlasst (d. h. motiviert und in die Lage versetzt) werden, ganz bestimmte Ziele der Kulturorganisation zu erreichen: Einen anspruchsvollen Spielplan im Theater aufzubauen, eine gute Ensemblearbeit in der Musikschule zu erreichen, eine bedeutende Ausstellung zeitgenössischer Kunst zu organisieren usw.

Diese Ziele sind zunächst einmal die übergeordneten Organisationsziele der Kultureinrichtung, die im Rahmen einer entsprechenden Mission bzw. Vision entwickelt werden. Diese Oberziele der Organisation sollten aber möglichst mit den *persönlichen* Leistungszielen eines jeden einzelnen Mitarbeiters bzw. einer jeden Mitarbeiterin kompatibel sein (d. h. der Dramaturg profiliert sich persönlich durch ein durchdachtes Spielplankonzept, der Kurator durch eine außergewöhnliche Ausstellung, der Dirigent über die exzellente Ensemblearbeit usw.), damit die Mitarbeiter durch die Erreichung der Organisationsziele auch persönlich wachsen und sich für höhere Positionen empfehlen können.

Zwar ist der Begriff der „Führung" gerade in Kunst und Kultur nicht selten verpönt, da sich dort (zumindest der Rhetorik nach) die freien, kreativen und damit prinzipiell unzähmbaren und nicht in eine Hierarchie einzubindendenden Geister treffen. Entgegen diesem weit verbreiteten Eigenbild (das nicht selten nur ein Klischee ist) spielt Führung jedoch gerade hier eine besonders große Rolle, weil es nämlich in aller Regel darauf ankommt, Mitarbeiter mit sehr individuellen Persönlichkeitsstrukturen und unterschiedlichsten Aufgabengebieten (Künstler, Techniker, Verwaltungssachbearbeiter, Finanzfachleute, aber auch Hausmeister, Bühnenarbeiter usw.) in einem hochgradig arbeitsteiligen Prozess dazu zu bewegen, in der Zusammenarbeit mit anderen arbeitsteilig Leistungen zu erbringen (Heinrichs/Klein 2001).

Nicht selten ist genau das das Kernproblem vieler Kultureinrichtungen, die über ganz hervorragende Einzelkönner verfügen – ohne dass sich jedoch ihre Tätigkeit optimal in ein Ganzes fügt. Da gibt es hervorragend arbeitende Dramaturgen, deren Arbeit keinerlei Resonanz in der Marketingabteilung des Theaters findet; da arbeiten hochqualifizierte Ausstellungskuratoren, denen es nicht gelingt, ihr Wissen einer größeren Öffentlichkeit zu vermitteln; da sind Spitzenmusiker in der Musikschule tätig, denen es weitgehend an pädagogischem Geschick fehlt. Gerade hier bedarf es gekonnter Führung, um die hervorragenden Einzelbeiträge zu einem sinnvollen Ganzen zusammen zu führen. Wie kann dies nun gelingen?

In der Analyse von Führung und möglicher Führungsmodelle können in der einschlägigen Fachliteratur drei prinzipielle Sichtweisen unterschieden werden: (1) Führung als der Ausfluss von Führungseigenschaften (*Eigenschaftsansatz*), (2) Führung als ein Prozess der Beeinflussung (*Prozessansatz*) und schließlich (3) Führung als Funktion von Management (*Mangement by Systems*).

4.2 Führung als Führereigenschaft

Der historisch älteste Ansatz begriff (und begreift auch heute noch) Führung als den Ausdruck ganz bestimmter *Führereigenschaften*. „‚Eigenschaftstheorie der Führung' gilt als Sammelbezeichnung für alle Ansätze, die der Persönlichkeit des oder der Führenden ausschlaggebende Bedeutung beimessen. Bei diesem realistischen oder ontologischen Ansatz wird davon ausgegangen, dass es Eigenschaften tatsächlich gibt, die man finden und objektiv messen kann" (Neuberger 2001: 226). Das Gelingen des Führungsprozesses ist in dieser Sichtweise von ganz bestimmten Führungsqualitäten einzelner Personen bzw. der individuellen Führungspersönlichkeit abhängig. Der geniale Theaterintendant, der die kreativsten Regisseure und Schauspieler an sich bindet; der charismatische Museumsleiter, der die besten Kuratoren einsetzt; der begnadete Musikschulleiter, der die engagiertesten Lehrer um sich versammelt – alle diese Vorstellungen verankern Führung in spezifischen Eigenschaften der jeweiligen Führungsperson.

„The Leader" spielt gerade in der amerikanischen Managementliteratur eine wichtige Rolle; die deutsche Übersetzung „Führer" weckt dagegen höchst ungute Assoziationen! In diesem Ansatz konzentriert sich das Interesse auf die Frage, welche persönlichen Eigenschaften das Führungspersonal idealerweise haben sollte. Von „charismatischen Führern" (und den möglichen Problemen, die sie bereiten können) war bereits oben die Rede. „Der klassische Eigenschaftsansatz formuliert eine solche Einseitigkeit: Es kommt vor allem anderen auf den Führer oder die Führerin an (...) Die Eigenschaftstheorie der Führung konzentriert sich auf die Führungsperson und lokalisiert in ihr die Bedingungen sowohl persönlichen Karriere- wie auch organisationalen Leistungserfolgs" (Neuberger 2001: 224).

Warren Bennis (Bennis 1989) beispielsweise kontrastiert in seinem Eigenschaftsansatz den zukunftsorientierten „Leader" mit dem bloßen „Manager"; „Leader" haben – im Kontrast – demnach folgende Eigenschaften:

Managers	Leaders
Administer	Innovate
Ask how and when	Ask what and why
Focus on systems	Leaders focus on people
Do things right	Do the right things
Maintain	Develop
Rely on control	Inspire trust
Have a short-term perspective	A longer-term perspective
Accept the status-quo	Challenge the status-quo
Have an eye on the bottom line	Have an eye on the horizon
Imitate	Originate
Emulate the classic good soldier	Are their own person
copy	Show originality

Bennis und Nanus (Bennis/Nanus 1987) unterscheiden dementsprechend zwischen *transaktionalen Managern* („Managers do things right") und *transformativen Führern* („Leaders do the right things"). Gerade in Zeiten großer Umbrüche und Veränderungen, in denen viele große Unternehmen „overmanaged" und „underled" seien, wären demnach transformative Führer besonders gefragt, um neue Visionen zu entwickeln, motivierend, sinnvermittelnd und kulturbewusst die Mitarbeiter zu führen. So formulieren sie vier Anforderungen an transformative Führer. Diese sollen erstens mit *Visionen* Aufmerksamkeit wecken, zweitens durch Kommunikation *Sinn vermitteln*, drittens einen klaren Standpunkt einnehmen und *Position beziehen* sowie schließlich die *Entfaltung der Persönlichkeit vorantreiben* durch die Vermittlung eines positiven Selbstwertgefühls, das Lernen aus Fehlern, das Erkennen von Stärken und die Kompensation von Schwächen, das Entwickeln von Talenten und die Überwachung der Übereinstimmung von Qualifikationen und Anforderungen. Alles dieses sind – vergleicht man diese Forderungen mit dem bisher Gesagten – sicherlich ganz wichtige Führungseigenschaften in einer zukunftsorientierten Kultureinrichtung, die keineswegs zu verachten sind.

Peters und Waterman betonen ebenfalls die Bedeutung der *transformierenden Führung* für die Leistungsfähigkeit exzellenter Unternehmen und verstehen darunter „eine Führung, die auf dem Sinnstreben des Menschen aufbaut und ein gemeinsames Unternehmensziel schafft." Dabei sind sie sicher, dass praktisch jedes einzelne exzellente Unternehmen, das mit seiner Kultur den Bedürfnissen des ‚irrationalen Menschen' gerecht wird, irgendwo in seiner Geschichte durch *transformie-*

4.2 Führung als Führereigenschaft

rende Führung geprägt wurde. Mittlerweile dürften die Kulturen dieser Unternehmen so gefestigt sein, dass dauernde transformierende Führung nicht mehr nötig ist. Sie bezweifeln daher, „dass sich die Kulturen je entwickelt hätten, wenn nicht irgendwann, zumeist als die Unternehmen noch recht klein waren, diese Art der Führung praktiziert worden wäre. Der transformierende Führer beschäftigt sich auch mit Details; für ihn sind die Fertigkeiten des Pädagogen, des Mentors, des Linguisten wichtig, die ihm helfen können, in seiner Rolle als Gestalter von Wertvorstellungen, Vorbild und Sinnvermittler. Er hat eine viel schwierigere Aufgabe als der vorgangsorientierte Führer, denn er ist der wahre Künstler, der wahre Erkunder neuer Wege" (Peters/Watermann 1995: 34).

So evident und auf den ersten Blick plausibel die Darstellung der herausragenden Rolle der Führungspersönlichkeit, des „Leaders" auch sein mag, so schnell werden allerdings auch die Schwächen dieses Konzepts bei genauerem Hinsehen deutlich. Da diese Eigenschaften in hohem Maße personengebunden bzw. tief in der Persönlichkeit des Einzelnen verwurzelt bzw. mehr oder weniger „angeboren" sind, sind sie auch von der einzelnen Person nur sehr schwer beeinflussbar. Dadurch sind sie aber auch nur relativ schwer veränderbar. Daraus ergibt sich die Schwierigkeit, wie sich denn der oder die Einzelne, der in eine Führungsposition in einer Kultureinrichtung gelangt, verhalten soll, wenn er oder sie nun nicht über die entsprechenden *persönlichen* Leadership-Eigenschaften verfügt bzw. nicht „über seinen Schatten springen" kann? Wie soll er oder sie „führen"?

Ein zweiter kritischer Punkt betrifft die Rolle des herausragenden Einzelnen als Führungsperson. Im letzten Kapitel wurde anhand der Beobachtungen und Überlegungen von Kets de Vries und Miller auf das Problem der narzisstischen Führungspersönlichkeit hingewiesen. Nicht selten sind die oben angesprochen transformierenden Führungspersönlichkeiten Personen, die andere charismatisch mitreißen können, also Menschen, die – wie Kets de Vries und Miller schreiben – phänomenale Erfolge in bestimmten Bereichen erzielen können, die es ihnen erlauben, ihr persönliches Bedürfnis nach Größe, Ruhm, Macht zu befriedigen. Aber Kets de Vries/Miller warnen ebenso eindrücklich: Bedauerlicherweise erweist sich das Gefühl der Erregung, das solche narzisstische Persönlichkeiten verbreiten, häufig als nur vorübergehend, die Gefahr, dass es „verpufft" ist groß. Kets de Vries hat diesen großen Leadern einen kleinen Band unter dem bezeichnenden Titel „Führer, Narren und Hochstapler" gewidmet (Kets de Vries 1998).

Warum wird aber vielfach dennoch an diesem Konzept festgehalten? Neuberger sieht vor allem folgende Gründe hierfür (Neuberger 2001: 240):

- den *kulturell verwurzelten westlichen Individualismus*, der dazu führt, alles auf die Aktionen einer entscheidenden Person zurück zu führen;

- die *Kontrollillusion*, d. h. es lässt sich leichter handeln, wenn man die Ursachen für eigentlich sehr komplex determinierte Effekte einer einzelnen Person zuschreiben kann (typisches Beispiel im Dritten Reich die Floskel: „Wenn das der Führer wüsste", womit die Illusion erweckt wurde, „er", d. h. ein Einzelner, könne alles in Ordnung bringen, wenn er nur von dem Sachverhalt wüsste);
- die *personale Einrichtung organisationaler Kontroll- und Belohnungssysteme*, d. h. die Belohnungs- und Beförderungssysteme sind darauf ausgerichtet, die einzelnen Personen auszuzeichnen, die sich „hervortun";
- die *sinnliche Greifbarkeit von Personen*, d. h. „Netze", „Relationen", „Systeme" usw. können kaum plastisch repräsentiert werden, wohl aber einzelne Personen, die herausragen („der" geniale Theaterintendant, „die" begnadete Ausstellungsmacherin, „der" charismatische Musikschulleiter usw.);
- die *Sicherung der persönlichen Identität* durch Taten und Rückmeldungen, d. h. für das Geschehen in Organisationen werden persönliche Ursachen verantwortlich gemacht.

4.3 Führung als Beeinflussungsprozess

Aufgrund dieser Defizite bestimmt ein auch heute noch weit verbreiteter zweiter Ansatz Führung weniger als das Ergebnis fester, personengebundener Eigenschaften, sondern begreift Führung vielmehr als einen *Prozess der Beeinflussung der Mitarbeiter*. Führung hängt aus dieser Perspektive somit sehr viel weniger von bestimmten personengebundenen Eigenschaften der jeweiligen Führungspersönlichkeit ab, sondern vor allem auch vom Verhalten der zu Führenden, ihrer Motivation und den Bedingungen der jeweiligen Umwelt.

In diesem Beeinflussungsprozess spielen also weniger spezifische Charaktermerkmale des Führungspersonals oder bestimmte Führungseigenschaften als vielmehr psychologische und soziale Momente die zentrale Rolle. Der große Vorteil dieser Sichtweise von Führung im Sinne von Beeinflussung ist, dass diese durchaus lernbar bzw. einübbar ist, was im Eigenschaftsansatz (entweder man hat die entsprechenden Fähigkeiten oder man hat sie eben nicht) weitgehend ausgeschlossen war.

Im Rahmen dieses Prozessansatzes werden zur Realisierung von Zielen sog. *Führungsstile* (Führungsverhalten) entwickelt. Hierunter wird die Art und Weise verstanden, in der Führungskräfte sich ihren Mitarbeitern gegenüber verhalten, d. h. ihre Führungsfunktion ausüben. Es handelt sich hierbei um ein zeitlich relativ überdauerndes und in Bezug auf verschiedene Situationen konstantes Führungsverhalten der Vorgesetzten gegenüber ihren Untergebenen zur Aktivie-

4.3 Führung als Beeinflussungsprozess

rung und Steuerung des Leistungsverhaltens der Mitarbeiter. Dabei können sog. *eindimensionale* und zwei- bzw. *mehrdimensionale* Ansätze unterschieden werden.
Diese Überlegungen knüpfen direkt an die Überlegungen von *Theorie X* und *Theorie Y* an. Geht beispielsweise der Museumsleiter von dem der *Theorie Y* zugrunde liegenden Menschenbild aus, so wird er seinen Kuratoren, die für die einzelnen Abteilungen zuständig sind, seinen Mitarbeitern in der Marketing-, Sponsoring-, Fundraising- und Öffentlichkeitsarbeitsabteilung große Handlungsspielräume lassen. Er wird sie ermuntern, eigene Vorschläge für Projekte, für Marketingkampagnen und Sonderausstellung zu entwickeln. Sein Stil wird dementsprechend in hohem Masse demokratisch und unautoritär sein.

In der Theorie lassen sich verschiedene Ansätze unterscheiden. Der sog. *eindimensionale* Ansatz der Führungsstile knüpft an die Unterscheidung von einerseits einem autoritären und andererseits einem demokratisch-partizipativen Führungsstil an. Tannenbaum und Schmidt (Tannenbaum/Schmidt 1958: 96) etwa stellen diese Dimension anhand eines Kontinuums zwischen partizipativ einerseits und autoritär andererseits als Extreme dar. Die sog. *zwei-* und *mehrdimensionalen* Ansätze orientieren sich dagegen an zwei (oder mehr) Verhaltensweisen von Vorgesetzten, wobei beispielsweise zwischen eher *aufgabenorientierten* und mehr *mitarbeiterorientierten* Führungsstilen unterschieden werden kann. Blanchard und Hershey (Blanchard/Hershey 1992: 19) beispielsweise kombinieren die Fähigkeiten der Mitarbeiter („Was kann er/sie? Kann der Mitarbeiter die Arbeit machen? Ist er kompetent?") und ihre Motivation („Was ist sein/ihr Motiv? Will der Mitarbeiter die Arbeit machen? Hat er Selbstvertrauen?") miteinander und kommen zu folgenden vier Mitarbeitertypen, für die sie die entsprechenden Führungsstile empfehlen.

- Das *Arbeitstier*; dieser Mitarbeiter hat gute Fähigkeiten und ein wenig Motivation; er braucht Unterstützung und Hilfe, wenn er nicht motiviert ist; er benötigt dagegen normalerweise keine spezifische Hilfe bei der Arbeit. In diesem Falle ist ein *motivierender Führungsstil* gefragt: Der Vorgesetzte sollte zuhören und Fragen stellen, Anerkennung zollen, Gespräche unter vier Augen führen, Anteilnahme zeigen, verfügbar sein, regelmäßig Fortschritte überprüfen, das gemeinsame Besprechen von Fortschritten und Zielen regelmäßig durchführen und auftauchende Probleme rasch in Angriff nehmen.

- Der *Lernende*; dieser hat mittlere Fähigkeiten, etwas Motivation, die nach anfänglichen Erfahrungen zurückgeht; er braucht in einigen Bereichen spezifisches Training und muss auch für die Arbeit motiviert werden. Hier empfehlen Blanchard/Hershey einen eher *beratenden Führungsstil*, der in Zuhören und Erklären besteht; darüber hinaus sollte an Beispielen Entwick-

lungsmöglichkeiten gezeigt und hilfreiche Ratschläge gegeben werden. Weiter sollten Vorgaben von Zielen, die ein gewisses Engagement erfordern, vorhanden sein; der Vorgesetzte sollte auf Fragen eingehen und durch das Überprüfen von Zielen und Ergebnissen regelmäßig positives Feedback geben.
- Der *Star* hat gute Fähigkeiten und eine hohe Motivation; er braucht einen Ansprechpartner, um seine Ideen zu diskutieren und kann die Arbeit selbstständig erledigen. In diesem Falle ist ein *Ansprechpartner-Führungsstil* sinnvoll: Der Vorsetzte sollte wenn nötig zur Verfügung stehen und ein Überprüfen der Ergebnisse sicherstellen; er ist zuständig für das Gewähren von Belohnungen und sollte den Mitarbeiter mit neuen Ideen und Chancen herausfordern; darüber hinaus sollte er immer wieder nach Meinungen und Ideen des Mitarbeiters fragen und: Nicht im Wege stehen!
- Der *Trainee* schließlich hat geringe Fähigkeiten, dafür hohe Motivation bei neuen Jobs oder Aufgaben; er braucht spezifisches Training und Anweisung. Hier empfiehlt sich ein *Instruktionsstil*: Der Vorgesetzte sollte spezifische Anweisungen geben und erklären, wie es gemacht wird; er sollte wenn nötig weiteres Training anbieten und Ziele setzen. Wichtig sind sowohl das Loben von Fortschritt als auch die genaue Überwachung und das Reagieren auf spezifische Probleme.

Das Problem bei diesem Ansatz ist sicherlich – das macht insbesondere das letzte Beispiel deutlich –, dass man leicht dazu neigt, Mitarbeiter von vornherein in bestimmte Kategorien oder Typisierungen einzureihen, ohne zu erkennen, was möglicherweise sonst noch in ihnen stecken könnte. Man geht bei diesem Ansatz davon aus, dass ein „guter Führer" Mitarbeiter in dieser Form kategorisiert und sie an dem für sie idealen Platz einsetzt – und übersieht, dass es vielleicht noch andere Möglichkeiten geben könnte.

4.4 Führung als Managementsystem

Der dritte Ansatz schließlich hat sich aus dem zuletzt dargestellten heraus entwickelt, betont aber noch sehr viel stärker als dieser die Gestaltung der *Arbeitsbedingungen* innerhalb des Kulturbetriebs. In diesem Ansatz wird Führung als eine *Funktion von Management* verstanden und in das gesamte System der managerialen Leistungserbringung integriert. Hierfür hat die Management-Theorie eine ganze Reihe von Systemen entwickelt, die sog. *Management by Systems*. Hierbei „handelt es sich um mehr oder weniger umfassende Empfehlungen zur Gestaltung von Führungskonzeptionen" (Becker 1994: 244; vgl. dazu auch Gablers

4.4 Führung als Managementsystem

Wirtschaftslexikon 1993: 2180; Schneck 1993: 396f.). Zu diesen *Management by Systems* zählen die Folgenden.

- Das *Management by Delegation*; dies meint ganz prinzipiell die Führung durch Aufgabenübertragung, d. h. eine – mehr oder weniger – weit gehende Delegation von Aufgaben an untergeordnete Hierarchieebenen. Es findet sich sowohl in der bürokratischen Organisation wie auch im Scientific Management (vgl. oben) und ist somit die Basis jeglicher Arbeitsteilung. Voraussetzung hierfür ist eine klare Aufgabendefinition und Kompetenzabgrenzung. Da durch die zunehmende Arbeitsteilung und Spezialisierung die Delegation von Verantwortlichkeiten und Kompetenzen zur Entlastung der Führungsebene in nahezu allen Aufgabenfeldern beinahe zwangsläufig und somit ganz grundlegend ist, wäre zu fragen, ob hier bereits von einem Führungsmodell in o. a. Sinne gesprochen werden kann. Bei den folgenden Systemen steht dies jedoch außer Frage.

- Das *Management by Decision rules*; dieses System verbindet die Vorgabe von Entscheidungsregeln mit der Delegation von Aufgaben, um die mit der Durchführung der delegierten Aufgaben verbundenen Entscheidungen sachlich, zeitlich wie personell zu reglementieren. Der Mitarbeiter soll nach einer detaillierten Regelvorgabe die vorgegebenen Ziele erfüllen. So kann z. B. eine Stadt festlegen, dass Fördermittel bis zu 1.000 € freihändig vom Kulturamtsleiter vergeben werden können, Förderentscheidungen bis zu 10.000 € vom zuständigen Kulturdezernenten bewilligt werden dürfen und alles was darüber liegt, vom Kulturausschuss beschlossen werden muss. Auf diese Weise soll eine exakte Ausrichtung aller Aktivitäten auf das gemeinsame Organisationsziel hin erreicht werden. (Typische Struktur: „Immer wenn x eintritt, ist y zu tun.") Dieses Führungsinstrument lässt sich vor allem bei Routineentscheidungen sehr gut einsetzen, allerdings ist der Trend zur Bürokratie (mit ihren Hierarchien und festgelegten Dienst- und Kommunikationswegen) unübersehbar. Darüber hinaus ist dieses Prinzip nur sehr wenig motivierend und kommt für eine strategieorientierte Kultureinrichtung, die gerade auf der Eigenaktivität und Kreativität ihrer Mitarbeiter aufbaut, kaum in Frage. Leider ist sie aber Realität in den meisten öffentlichen Kulturbetrieben.

- Das *Management by Exception*; in diesem System der Führung durch Abweichkontrolle und Eingriffe in Ausnahmefällen konzentrieren sich die Vorgesetzten vor allem auf ihre Führungsaufgaben, während die nachgeordneten Mitarbeiter die Aufgabenerfüllung und die damit verbundenen Entscheidungen selbstständig übernehmen. In diese selbst verantworteten Entscheidungsprozesse der einzelnen Mitarbeiter greifen die Vorgesetzten nur in Ausnahmesituationen (eben in „exception") ein.

Diese Ausnahmesituationen sind z. B. dann gegeben, wenn die vorgegebenen Entscheidungsspielräume überschritten werden und/oder sich unerwartete Entwicklungen ergeben. So kann beispielsweise ein Museum für den Herbst eine historische Ausstellung planen. Aus bestimmten Gründen will der Träger aber, dass die Ausstellung bereits im Sommer eröffnet werden soll. Der einzelne Mitarbeiter wäre hier sicherlich überfordert, so dass sich die Führung zur Lösung des Problems einschaltet. Eine ähnliche Situation wäre gegeben, wenn bei einem großen Theaterfestival wichtige eingeladene Gastspiele kurzfristig ausfallen. Auch hier ist die Führung bzw. der ganze Betrieb gefordert.

Die Vorteile dieses Managementsystems liegen vor allem in der Entlastung der Führungsebene und der stärkeren Motivation der Mitarbeiter, denen in Normalfällen ein weitgehend selbstständiges Handeln ermöglicht wird. Die sachlich/fachliche Kommunikation zwischen Vorgesetzten und Mitarbeitern wird auf das Nötigste beschränkt. Fraglich – und oftmals risikoreich – bleibt allerdings, ob alle Mitarbeiter die entsprechenden Ausnahmefälle richtig einschätzen können bzw. wie es sich auf ihre Motivation auswirkt, wenn sie in diesen Fällen immer wieder mit „Eingriffen von oben" rechnen müssen.

- Das *Management by Participation*; dieses Grundprinzip fordert eine sehr viel stärkere Einbeziehung der Mitarbeiter in den Zielfindungsprozess als bei allen anderen bisher dargestellten Delegationsprozessen. Ausgangspunkt dieses partizipativen Ansatzes ist die Annahme, dass eine Identifikation der Mitarbeiter mit den Organisationszielen (und damit ihre Leistung) wächst, je mehr und intensiver sie an der Formulierung dieser Ziele mitwirken können. So sollten beispielsweise Zielvereinbarungen in Kulturbetrieben keinesfalls von oben nach unten oktroyiert werden, sondern gemeinsam besprochen und abgeschlossen werden. Eine Ausprägung dieses Führungssystems ist z. B. das im Folgenden dargestellte *Management by Objectives*.

- Das *Management by Objectives* bezeichnet die Führung durch Zielvereinbarung. Hierbei handelt es sich um ein mehrdimensionales Führungskonzept, das durch die Betonung der gemeinsam „ausgehandelten" Zielvereinbarungen zwischen der Führung und den Mitarbeitern sowie die weitgehende Delegation von Entscheidungsbefugnissen gekennzeichnet ist. Für diesen Führungsstil findet sich häufig auch der Begriff des *Kontraktmanagements*, d. h. Führung und Mitarbeiter schließen einen *Kontrakt*. So beschließt die Leitung einer Musikschule gemeinsam mit jedem einzelnen Lehrer, wie viele Stunden er im nächsten Schuljahr gibt, wie viel Gruppenunterricht und wie viel Ensemblespiel vorgesehen ist. Die Museumsleitung bespricht mit den Abteilungsleitern und Kuratoren, welche Ausstellungen im nächsten Jahr vorge-

4.4 Führung als Managementsystem

sehen sind, welche Sonderveranstaltungen es geben soll, welche Marketingmaßnahmen vorgesehen sind usw.
Die Instrumente bzw. der Weg der Zielerreichung wird somit bewusst in den Ermessensspielraum der Mitarbeiter gelegt. Weitere wichtige Elemente sind Rückkoppelungen hinsichtlich des Grades der Zielerreichung an die Führung sowie die Koppelung von Belohnungen an den Grad der Zielerreichung. Wichtig sind daher vor allem die vollständige und präzise Formulierung der Ziele nach Inhalt, Art, Ausmaß und zeitlichem Geltungsbereich.
Der Erfolg dieses Führungssystems hängt ganz entscheidend von dem Partizipationsgrad der Mitarbeiter bei der Zielvereinbarung ab. Die Suche nach realisierbaren, klaren, exakten, messbaren und doch möglichst flexiblen Zielvorgaben stellt nicht selten ein Problem dar. Kritiker monieren zwei grundsätzliche Mängel an diesem Modell. „Zum einen geht man davon aus, dass für alle Ebenen Ziele systematisch und kongruent abgeleitet werden können. Die Grenzen einer Operationalisierbarkeit und der enorme Aufwand der Zielvereinbarung, der Feststellung von Soll/Ist-Abweichungen und einer fundierten Abweichungsanalyse bleiben unberücksichtigt. Zum anderen kann es nicht in allen Situationen sinnvoll sein, Ziele als Steuerungsinstrumente zu verwenden. Gut strukturierbare Aufgabenstellungen werden durch die Formulierung von Zielen u. U. schlechter ausgeführt als bei der Verwendung von klaren Anweisungen und der Vorgabe von gewünschten Abläufen. Ebenso ist von unterschiedlichen Motivstrukturen bei den Mitarbeitern auszugehen, so dass Ziele nicht grundsätzlich die anvisierte motivierende Wirkung haben müssen" (Becker 1994: 245). Trotz dieser sicherlich ernst zu nehmenden und zu berücksichtigenden Einwände ist die Führung durch Zielvereinbarung mit am besten geeignet, eine Kultureinrichtung zielorientiert zu führen, da es – wie oft genug betont – hierbei auf jeden einzelnen Mitarbeiter ankommt. Auf sie wird deshalb unten näher eingegangen.

- Das *Mangement by Results*, d. h. die Führung durch Ergebnisüberwachung. Dies beinhaltet lediglich das Controlling der vorgegebenen Ergebnisgrößen. So werden in einer Musikschule z. B. für die Abteilung Blechbläser bestimmte Zielgrößen hinsichtlich der Ausbringung einer bestimmten Jahresstundenzahl, der angestrebten Schülerzahl, der angestrebten Ensemblevorspiele, der erwünschten Teilnehmer bei „Jugend musiziert" usw. vereinbart. Dieses ebenfalls vorrangig zielgesteuerte Führungskonzept ist durch einen systematischen Ausbau der Zielplanung zum Führungsinstrument gekennzeichnet. Es geht von den Grundsätzen aus, dass die Abteilungen und Arbeitsgruppen ihre ganze Aufmerksamkeit auf wenige, möglichst quantitative Entscheidungsmaximen konzentrieren sollen und können; dass die Ziele für die Entscheidungsträger motivierende Kraft besitzen; dass die Entscheidungsträger auf allen Ebenen über die von ihnen erwarteten Verhaltensweisen ausreichend informiert sind und der jeweilige Erfüllungsgrad der Ziele durch Vergleich zwischen geplanter und effektiver Leistung ermittelt werden kann.

Im Gegensatz zum *Management by Objectives* werden hier allerdings die zu erreichenden Resultate einseitig von der Führungsebene festgelegt. Organisatorischer Ausdruck dieses Führungsmodells ist die sog. Profit-Center-Organisation, d. h. jede Einheit in der Organisation Unternehmen arbeitet eigenständig an bestimmten Kostendeckungsvorgabe (so sollen beispielsweise in o. a. Musikschule 45% der Einnahmen durch Elterngebühren gedeckt werden; wie dies erreicht wird ist Sache der jeweiligen Abteilung). Oder in einem soziokulturellen Zentrum würde etwa den jeweils für Lesungen, für Kleinkunst, für Musikveranstaltungen usw. zuständigen Mitarbeitern Kostendeckungsgrößen vorgegeben („Ihr müsst im Jahr einen Kostendeckungsgrad bei euren Veranstaltungen von 70% erreichen.").

Diesem Führungsmodell liegt eine skeptische Grundhaltung gegenüber dem Leistungswillen der Mitarbeiter zugrunde, die angeblich nur durch Kontrolle statt durch Vertrauen zu führen sind. Die möglichen Nachteile können daher zum einen ein ausgeprägter Bereichsegoismus und Zahlenfetischismus unabhängig von der Qualität sowie anderseits die Demotivation der Mitarbeiter durch unrealistische Resultatvorgaben sowie ständige Kontrollen sein.

- Das *Management by Systems* meint die Führung durch Systemsteuerung. Die Überlegungen hierzu beruhen auf Theorien der Kybernetik, d. h. der Lehre von Regelkreisen und stellen eine Mischung aus verschiedenen anderen Führungsmodellen dar. Kennzeichnend für einen sog. Regelkreis sind die Rückmeldung von Ergebnissen und die Eigensteuerung. Der „Regler" (d. h. in diesem Falle die Führung) soll nur in notwendigen Ausnahmefällen in den Regelkreis der prinzipiell selbststeuernden Einheiten eingreifen; die Ergebnisse sind daher laufend zu kontrollieren und rückzumelden.

Dieser Ansatz basiert auf folgenden Annahmen: (a) es existieren Verfahrensordnungen als Durchführungsvorschriften über sich wiederholende Tätigkeiten; diese schreiben vor, welche Arbeiten von welcher Person zu welchem Zeitpunkt zu erledigen sind; (b) allgemein bekannte Methoden geben Auskunft darüber, wie bestimmte Tätigkeiten auszuüben sind; (c) bestimmte Systeme schließlich dienen der Koordination einzelner Verfahrensvorschriften und Methoden innerhalb der Verwaltungsbereiche, indem sie Einzeltätigkeiten zu strukturierten Ganzheiten verbinden. Dieses System dürfte dem im letzten Kapitel ausführlich dargestellten der lernenden, d. h. sich selbst steuernden Organisation sicherlich am nächsten kommen (Gablers Wirtschaftslexikon 1993: 2181). So existieren beispielsweise in einem Museum (a) bestimmte Regeln, was bei der Konzipierung, Planung, Organisation und Durchführung einer Ausstellung an Standards zu beachten ist – unabhängig von der jeweiligen inhaltlichen Ausrichtung der Ausstellung. Darüber hinaus gibt es (b) ein Regelbuch, wie z. B. das Marketing, die Öffentlichkeitsarbeit, die Finanzierung zu handhaben sind. Und schließlich gibt es (c) gewisse allgemeine Vorgaben, wie die einzelnen Ausstellungsprojekte in einen Gesamtzyklus sowie die Dauerausstellung zu integrieren sind. Innerhalb dieser sehr allgemeinen Koordinierungs- und Ausführungsbestimmungen, die quasi die robusten „Leitplanken" des Handlungsfeldes darstellen, agieren die einzelnen Abteilungen und Mitarbeiter weitestgehend selbst- und eigenständig (Seifter/Economy 2001).

4.5 Das „beste" Führungssystem?

Nicht wenige Führungskräfte öffentlicher Kultureinrichtungen suchen nicht selten verzweifelt „das beste" Führungskonzept, um ihre Kultureinrichtung möglichst optimal zu positionieren. Doch gibt es nicht *das* beste und das effizienteste Führungssystem für einen Kulturbetrieb, sondern es muss jeweils sehr genau untersucht werden, wie die Bedingungen innerhalb der jeweiligen Kultureinrichtung sind, über welche Potenziale (und vor allem auch Schwächen!) die Führungspersonen verfügen, welche Kenntnisse, Fähigkeiten, Einstellungen und Haltungen die einzelnen Mitarbeiter mitbringen, wie die gewachsene Organisationskultur eines Hauses ist. Diese Fragen stellen sich insbesondere bei „pathologischen" Kulturbetrieben (vgl. hierzu ausführlich Klein 2007: 143-154), deren Krankheit meist eine lange Vorgeschichte hat und wo es besonders auf eine sorgfältige Anamnese („Wie konnte es so weit kommen?" „Welches sind die Ursachen hierfür?" „Wie können wir mit diesen umgehen?") ankommt.

Geht man allerdings von dem normativen Ziel aus, möglichst alle Mitarbeiter in den Prozess der Organisationsgestaltung und Zielerreichung einzubinden, um das Ideal einer zukunftsorientierten, „lernenden Kulturorganisation" zu realisieren, so ist sicherlich das *Management by Objectives*, also die Führung nach Zielvereinbarung bzw. längerfristig gesehen das *Management by Systems* zu dessen Realisierung am ehesten geeignet. Denn für die zukunftsorientierte und strategiefokussierte Kultureinrichtung „muss ein Managementprinzip entwickelt werden, das Spielraum für die individuellen Stärken und die Ausübung der individuellen Verantwortung schafft und gleichzeitig den Bemühungen aller Beteiligten eine gemeinsame Richtung gibt, die Arbeit im Team ermöglicht und die Ziele des Einzelnen mit denen des gesamten Unternehmens in Einklang bringt. Das einzige Prinzip, das dies ermöglichen wird, ist jenes der *zielgesteuerten* und *selbstkontrollierten* Unternehmensführung", schreibt Peter Drucker.

Und weiter: „Es ersetzt die *Kontrolle von außen* durch die strengere, präzisere und wirksamere *Kontrolle von innen*. Es bewirkt, dass der einzelne Mitarbeiter nicht mehr deshalb aktiv wird, weil jemand anderer ihm eine entsprechende Anweisung gibt oder ihn davon überzeugt. Stattdessen bezieht der Mitarbeiter seine Motivation unter diesen Bedingungen daraus, dass die objektiven Erfordernisse seiner Aufgabenstellung seine aktive Beteiligung erforderlich machen. Nun wird er nicht mehr aktiv, weil es jemand von ihm verlangt, sondern weil er selbst zu dem Schluss gelangt, dass er aktiv werden *muss*. Mit anderen Worten: Er handelt aus freien Stücken" (Drucker 2005: 156).

In diesem Sinne schreiben Harvey Seifter und Peter Economy über ihre Erfahrungen, die sie aus ihrer Zusammenarbeit mit dem *Orpheus Chamber Orchestra*, gewonnen haben: „Der Orpheus-Prozess ist unter anderem ein System, das seine Fähigkeit demonstriert hat, in einem individuellen, zielorientierten Umfeld ein dynamisches Gleichgewicht zwischen der *Freiheit des Einzelnen* und dem *Ziel des Unternehmens* herzustellen". Sie beschreiben ihre entsprechende Arbeitsweise:

- Wir bestärken den Einzelnen darin, seinen Einfluss auf die Entscheidungsfindung innerhalb der Gruppe geltend zu machen.
- Wir beraten Unternehmen dahingehend, dass sie einzelnen Angestellten mehr Verantwortung übertragen, um komplexe Probleme besser lösen zu können.
- Wir beraten Unternehmen auch, wie man Personal bindet, die Arbeitsmoral hoch hält und die Produktivität steigert, indem man den Angestellten ein Gefühl von ‚Miteigentum' vermittelt" (Seiftger/Economy 2001: 247).

Das *Orpheus Chamber Orchestra* gründet seine Fähigkeit, fast immer zu einer Einigung zu kommen, hauptsächlich auf der Übereinstimmung hinsichtlich fünf für Kommunikation und Entscheidungsfindung wichtigen Gebieten:

- *Allgemeines Einverständnis hinsichtlich unserer Ziele.* Die täglichen Gespräche drehen sich darum, wie diese Ziele am besten und schnellsten erreicht werden können, während die Zielsetzung Richtlinien dafür vorgibt, welche Kriterien und Maßstäbe an den Lösungsansatz angelegt werden müssen.
- *Generelle Akzeptanz der Spielregeln.* Komplexe Entscheidungsprozesse sind bei *Orpheus* klar gegliedert und einfach zu vermitteln. Selbst wenn ein einzelner Musiker mit einer Entscheidung nicht vollständig einverstanden

ist, respektiert er die Autorität und Verantwortung seiner Kollegen oder Gruppen, kompetente Entscheidungen treffen zu können.
- *Vertrauen auf offene Kommunikation.* Mitarbeiter in laufenden Positionen müssen sich darum kümmern, auf formellen und informellen Wegen Informationen einzuholen. Die Entscheidungen werden grundsätzlich unter Berücksichtigung aller Informationen getroffen. Eigenverantwortliche Teams verbessern ihre Arbeit durch Anregungen externer Beobachter. So lassen sich einzelne Instrumentengruppen gern von anderen Musikern beraten und nehmen bei Proben die Hilfe von Koordinatoren und künstlerischen Direktoren in Anspruch. Auf unserem „Marktplatz der Ideen" hat jeder die Möglichkeit, sich einzubringen und andere von seiner Meinung zu überzeugen. Die getroffenen Entscheidungen sind oft ein Konglomerat unterschiedlichster Meinungen und Einflüsse. Offene Kommunikation sorgt für gemeinsame Verantwortung.
- *Respekt.* In einer Kultur wechselseitigen Respekts werden Entscheidungen und ihre Konsequenzen mit großer Zustimmung akzeptiert, da jeder von den Fähigkeiten und der Motivation – seines oder seiner Kollegen – überzeugt ist und selbst in die Entscheidungsfindung eingebunden ist.
- *Experimente.* Da es nur wenige endgültige Entscheidungen gibt, steht selten sehr viel auf dem Spiel. Kontroverse Entscheidungen werden als Experiment akzeptiert, aber alle Mitarbeiter wissen, dass sie die Diskussion jederzeit wieder eröffnen können, sobald neue Informationen aufgetaucht sind, die dies rechtfertigen (Seiftger/Economy 2001: 205f).

Wenn man nun auch einwenden könnte, dies mögen Regeln für ein kleines Kammerorchester sein, die nicht auf größere Kultureinrichtungen übertragbar seien, so sei gesagt, dass es sich hier zunächst um *Prinzipien* handelt, die man akzeptiert – oder eben nicht. Wenn man sie aber akzeptiert und als für die eigene Kultureinrichtung fruchtbar betrachtet, so sollte man sich Gedanken machen, wie sie sich transformieren lassen.

Leitend sollte dabei das Prinzip des „einvernehmlichen Führungsverhalten" sein; dies besteht zunächst ganz lapidar darin, „das Urteilsvermögen des Mitarbeiters und seinen Sachverstand anzuerkennen. Damit wird ihm die Bereitschaft unterstellt, die der eigenen Tätigkeit übergeordnete Aufgabe wahrzunehmen, also nicht nur als Beschäftigter zu urteilen, sondern auch aufgabenorientierte Erwartungen zu sehen, die sich wiederum an ihn richten. Andererseits wird dem Beschäftigten das Recht zugestanden und damit die Pflicht zuteil, nach seinen Kenntnissen, Fähigkeiten und Erfahrungen selbstständig zu entscheiden und zu handeln" (Lobscheid 1994: 38). Dies bedeutet sowohl ein permanentes Fordern wie auch Fördern der Mitarbeiter.

5 Führen mit Vision

5.1 Die Macht der Vision

Wie lässt sich dies nun in der Praxis einer Kultureinrichtung realisieren? Im bisher Gesagten wurde immer wieder deutlich gemacht, welche zentrale Funktion „Sinn" in einer Organisation hat. Ein Beispiel kann dies plastisch machen: Auf einer Baustelle in einer mittelalterlichen Stadt arbeiten zwei Steinmetze. Gefragt, was sie da täten, antwortet der eine: „Ich haue Quadersteine zurecht". Der andere: „Ich helfe mit, eine Kathedrale zu bauen". Beide verrichten die gleiche Tätigkeit, doch mit völlig unterschiedlicher Perspektive und Fokus! Der eine sieht nur das Detail seiner Arbeit, ohne sie entsprechend einordnen zu können; entsprechend eintönig mag sie ihm vorkommen. Der andere dagegen hat eben dieses große Ganze, nämlich den Bau einer wunderbaren Kathedrale, deren Glanz und Stolz die Jahrhunderte überstrahlen wird, im Blick! Und sicherlich wird man vermuten dürfen, dass derjenige mit der Vorstellung vom Ganzen seine Arbeit sehr viel motivierter verrichten wird als jener, der von sich glaubt, nur einzelne Quadersteine zu behauen.

Peter Drucker schreibt hierzu: „Ein Unternehmen kann nur funktionieren, wenn sich alle Angehörigen zu gemeinsamen Zielen und Werten bekennen. Fehlt ein solches Bekenntnis, so gibt es kein Unternehmen, sondern lediglich eine Menschenansammlung. Das Unternehmen benötigt klare, einfache und verbindliche Ziele. Die Aufgabenstellung muss derart deutlich und erstrebenswert sein, dass sie allen Beteiligten eine klare *Vision* vermittelt. Die der Aufgabenstellung entsprechenden Ziele müssen klar sein und laufend öffentlich wiederholt werden" (Drucker 2001: 28). Führung bedeutet dem Handeln der Organisation ebenso wie dem eines jeden Einzelnen Sinn zu geben.

In einem Interview während der Fußball-Weltmeisterschaft 2006 wurde dem deutschen Teamchef Jürgen Klinsmann vorgehalten, er habe bislang keinerlei Erfahrung im Trainerberuf gehabt, als er diese so wichtige Aufgabe annahm. Seine knappe Antwort: „Mag schon sein, aber ich hatte ein *Ziel*." Und weiter: „Die Fans hatten den Wunsch und die große Hoffnung, dass wir 2006 im eigenen Land Weltmeister werden. Das war auch mein Ziel. Ich hatte nach unserer Analyse erkannt, dass das Potenzial dazu bei allen Problemen vorhanden ist. Meine *Vision* bei Amtsantritt war es, den deutschen Fußball wieder groß zu machen."

Und in gleichem Sinne äußerte sich der deutsche Teammanager Oliver Bierhoff: „Unsere *Vision* war es, durch offensiven, dynamischen und risikobereiten Fußball eine Begeisterung bei den Fans auszulösen. Jedes Kind sollte wieder den Wunsch haben, Nationalspieler zu sein" (Jenewein/Heidbrink 2008: 50). Mittlerweile titelt ein Artikel des *Harvard Business Manager*: „Change-Management. Was Unternehmen von Jürgen Klinsmann lernen können" (Jenewein 2008, 16-28).

Diese motivierende Kraft der Vision beschrieb der französische Schriftsteller Antoine de Saint-Exupéry schon vor Jahrzehnten in einem wunderschönen Bild: „Wenn Du ein Schiff bauen willst, so trommle nicht Männer zusammen, um Holz zu beschaffen, Werkzeuge vorzubereiten, Aufgaben zu vergeben und die Arbeit zu erleichtern, sondern lehre die Männer die Sehnsucht nach dem endlosen Meer."

In vielen, vor allem öffentlich getragenen, Kultureinrichtungen, so scheint es, wird diese visionäre Kraft mehr und mehr von der lähmenden Erstarrung der Alltagssorgen gelähmt. Aber ohne diese Stärke der Vision werden sie die Herausforderungen der Zukunft nicht meistern können. Schon der französische Philosoph Michel de Montaigne wusste: „Wer nach keinem bestimmten Hafen steuert, dem ist kein Wind günstig." Ebenso kann gelten: „Wer einen klaren Hafen vor Augen hat, wird seine Segel so setzen, dass der Wind ihn dorthin treibt!" Und der deutsche Dichter Gotthold Ephraim Lessing schreibt: „Der Langsamste, der sein Ziel nur nicht aus den Augen verliert, geht noch immer schneller als der ohne Ziel herumirrt."

5.2 Die Grundlage: Die Mission

Bevor über die Entwicklung einer zukunftsgerichteten Vision eines Kulturbetriebs gesprochen wird, die die Kulturorganisation über den Tag hinaushebt, sie quasi „transzendiert" und in die Zukunft hin ausrichtet, soll jedoch zunächst über die Gegenwart, das hier und heute der Kultureinrichtung geredet werden. Kommerzielle Kulturbetriebe (also Buchverlage, die Film- und Tonträgerindustrie, Galerien und Auktionshäuser, Musicaltheater usw.) brauchen selbstverständlich eine klare Zielorientierung. Diese hat jedoch einen völlig anderen Stellenwert als bei öffentlichen Kulturbetrieben, denn kommerzielle Kulturbetriebe *legitimieren* sich weitgehend über ihren finanziellen Gewinn. Bleibt dieser aus, stellt sich ganz massiv das Existenzproblem dieser Unternehmen.

Alle Organisationen und Einrichtungen dagegen, die von der öffentlichen Hand getragen oder finanziert werden, also „meritorische Güter" herstellen, sind jedoch keine gewinnorientierten Einrichtungen, haben also ein anderes Ziel als

5.2 Die Mission

Gewinn. Sie sind allerdings Betriebe, die nicht um ihrer selbst Willen existieren, sondern zu einem spezifischen gesellschaftlichen Zweck bzw. zur Erfüllung eines ganz bestimmten öffentlichen Bedürfnisses geschaffen wurden und unterhalten werden. Dafür sind sie weitgehend des Marktrisikos enthoben, d. h. sie müssen ihr Existenzrisiko nicht selbst tragen, sondern die öffentliche Hand ist ihr Träger bzw. Unterstützer (qua Zuwendungen). Sie sind von daher kein Selbstzweck, sondern *Mittel zum Zweck* und müssen daher ihre Tätigkeit an dieser Aufgabenstellung ausrichten. Dies ist eine Frage ihrer Legitimation.

Das gilt auch für öffentliche Kultureinrichtungen, die ihre Aufgaben und ihren (kulturpolitischen) Auftrag klar formulieren müssen, um die Zuwendungen der öffentlichen Hand vor dem Hintergrund knapper werdender öffentlicher Gelder legitimieren zu können. Bislang gelang es vielen öffentlichen Kultureinrichtungen noch erfolgreich, sich diesem Begründungszusammenhang mit Verweis auf einen oft nebulösen „kulturpolitischen Auftrag" zu entziehen. Natürlich gilt uneingeschränkt die Kunstfreiheitsgarantie des Art. 5 Abs. 3 GG, der unmissverständlich klarstellt: „Kunst und Wissenschaft, Forschung und Lehre sind frei." Dies kann allerdings nicht bedeuten, dass jedes und alles, was sich als Kunst ausgibt, Anspruch auf öffentliche Förderung hat.

Der Vorsitzende des *Deutschen Kulturrats*, Max Fuchs, weist schon seit Jahren darauf hin, dass es „die Kulturpolitik der Zukunft mit *präzisen Zielvorgaben* zu tun haben wird" und „dass Evaluation ein integraler Bestandteil einer zukünftigen Kulturpolitik sein wird" (Fuchs 2004). Allerdings muss er mit Blick auf die Bundesrepublik Deutschland kritisch feststellen: „Von einer seriösen Evaluation oder gar einer konzeptionell gestützten Entwicklung von Kulturpolitik kann aufs Ganze gesehen nicht die Rede sein. Zwar gibt es für Einzelbereiche empirische Daten (...), doch fehlt eine wissenschaftliche Analyse von Kulturpolitiken seitens der Hochschulen nahezu vollständig" (Fuchs 2004).

Unter dem Aspekt dieser vorrangigen *Ziel*orientierung muss die Kulturorganisation deshalb zunächst ihre *Mission*, also ihre Existenzgrundlage („The reason why we exist", wie es im Angelsächsischen in aller wünschenswerten Klarheit heißt) nicht nur ganz eindeutig kennen, sondern auch intern und extern kommunizieren können. Und um nicht nur die (schwierige) Gegenwart meistern zu können, sondern insbesondere um auch in Zukunft erfolgreich zu sein, muss jeder einzelne öffentliche Kulturbetrieb nicht nur sehr genau wissen, welchen Zweck er *aktuell* erfüllt, also in welchem Geschäft er *gegenwärtig* tätig ist, sondern er muss darüber hinaus auch eine klar umrissene Vorstellung davon haben, in welchem Geschäft er in absehbarer Zukunft, d. h. in fünf bis zehn Jahren tätig sein wird. Deshalb muss die Kultureinrichtung – neben der aktuellen Mission – zweitens eine deutlich erkennbare und benennbare *Vision* entfalten. Nur wer klare Vorstellungen von der Zukunft hat, kann diese als einen plan- und steuerbaren Prozess begreifen – bei allen Unwägbarkeiten und Unsicherheiten, die dennoch vorhanden sind.

Daher ist es für jeden Kulturbetrieb zunächst von zentraler Bedeutung, sich zu fragen, was überhaupt sein grundlegendes Ziel, sein „Organisationszweck", was also der tatsächliche Grund ist, warum er überhaupt existiert (vgl. hierzu ausführlich Klein 2005: 99f.). Der einzelne *kommerzielle* Kulturbetrieb (z. B. die Musicaltheater, die Film- und Tonträgerwirtschaft, Galerien usw.) hat – im Gegensatz zum öffentlichen bzw. zum Non-Profit-Kulturbetrieb – eine eindeutige Zieldefinition, die über seine Zukunft entscheidet, nämlich die, finanziellen Gewinn zu machen. Oder, wie es Patrick Mc Kenna, lange Zeit die rechte Hand des weltweit erfolgreichen Musikkomponisten Sir Andrew Lloyd Webber und Geschäftsführer dessen (bezeichnenderweise *The Really Useful Group Limited* genannten) Unternehmens, ohne Schnörkel auf den Begriff brachte: „Wir wollen soviel Geld verdienen wie irgend möglich" (Schulz 1995). Und im gleichen Sinne äußerte sich der langjährige Geschäftsführer der einstigen *STELLA Musical AG*, Günter Irmler: „Die Frage ‚macht Kultur Gewinn' lässt sich für uns mit einem einfachen ‚Ja' beantworten. 1994 machte die *STELLA Musical AG* mit vier privatwirtschaftlich organisierten Theatern einen Gewinn von 11,4 Mill. DM" (Irmler 1997: 127). Wird dieser Gewinn nicht gemacht, geht die jeweilige Kultureinrichtung Konkurs oder wird verkauft – wie im Falle der *STELLA*.

Dieser Zielsetzung der finanziellen Gewinnmaximierung folgend wird der kommerzielle Kulturanbieter sein jeweiliges Produkt so gestalten, dass der Kunde es möglichst oft und umfangreich nachfragt, denn desto höher und dauerhafter wird der Gewinn ausfallen. Dem Ziel des finanziellen Erfolges wird mehr oder weniger jede Unternehmensentscheidung untergeordnet.

Der öffentliche Kulturbetrieb, der – bei aller notwendigen Wirtschaftlichkeit – im Gegensatz zum kommerziellen grundsätzlich und per definitionem *nicht* profitorientiert ist, legitimiert sich dagegen durch nicht-gewinnorientierte Ziele, etwa *künstlerische, kulturpolitische, ästhetische, kulturpädagogische* bzw. sonstige *inhaltliche* Zielsetzungen. Zwar müssen auch hier bestimmte ökonomische Zielvorgaben (wie z. B. die Einhaltung des Haushalts-Solls oder die Erreichung eines bestimmten Kostendeckungsgrades bzw. Eigenwirtschaftsanteils) berücksichtigt werden, diese können aber nicht die zentrale Rolle wie im kommerziellen Kulturbetrieb spielen.

Diese vorrangig *qualitativen*, nicht gewinnorientierten Zielsetzungen lassen sich allerdings – anders als die reine Gewinnorientierung – nur schwer quantifizieren bzw. operationalisieren (d. h. mess- und damit kontrollierbar) machen. Dadurch wird der Non-Profit-Kulturbetrieb prinzipiell schwerer steuerbar, denn er hat es gegenüber gewinnorientierten Unternehmen mit einem mehrdimensionalen und komplexeren Zielsystem zu tun, in dem viele Komponenten qualitati-

5.2 Die Mission

ver Natur sind. Dies erschwert vor allem das Messen der Zielerreichung und setzt eine entsprechend präzise und strategisch orientierte Zielformulierung voraus. Die Dimensionen dieser Ziele werden darüber hinaus von einer Vielzahl von Anspruchsgruppen formuliert, die teilweise sehr unterschiedliche Zielvorstellungen haben (Horak/Heimerl-Wagner 1999: 150). Dies führt in öffentlich getragenen bzw. unterstützten Kulturbetrieben – wie in allen anderen sonstigen Non-Profit-Organisationen (NPO's) auch – zu erheblichen *Planungs-, Steuerungs-* und vor allem *Effizienz-* und *Kontrollproblemen*.

Der Intendant eines Staatstheaters beispielsweise hat mit seinem künstlerischen Konzept über seine eigenen Ideen hinaus die Zielvorstellungen der beiden Träger, z. B. Bundesland und Stadt, zu erfüllen. Die verschiedenen Publikumsgruppen haben wahrscheinlich ganz unterschiedliche Erwartungen an Spielplan und Programm. Diese Zuschauererwartungen divergieren u. U. deutlich von denen der Besucherorganisationen aus dem ländlichen Raum. Deren inhaltliche und ästhetische Zielvorstellungen differieren möglicherweise wiederum deutlich von denen der *Presse* (die wiederum lokal, regional oder überregional ganz verschiedene Maßstäbe anlegt). Die Künstlerinnen und Künstler, die seit Jahren fest am Haus im Ensemble arbeiten, haben gegebenenfalls andere Ziele als die verpflichteten Gäste. Die Bereiche Bühnentechnik, Werkstätten, Verwaltung, Kollektive (Chor, Ballett) und Solisten ihrerseits differieren in ihren Bedürfnissen usw. Die örtliche Wirtschaft, die Tourismus- und Fremdenverkehrswirtschaft, das Stadtmarketing – sie alle bilden Interessengruppen (Stakeholder), die mehr oder weniger prägnant Zielvorstellungen an die Adresse des Theaters richten.

Damit eine Kulturorganisation unter den Ansprüchen ihrer Stakeholder nicht ständig wechselnd und schlingernd dem jeweils größten Druck nachgibt und überhaupt noch handlungs- und steuerungsfähig ist und bleibt, müssen zunächst einige Grundsatzentscheidungen getroffen werden: Wer sind wir? Was ist unser Auftrag? Welchen Nutzen stiften wir? Wem bieten wir was an? Wem dienen wir? Für wen sind wir da? Was tun wir (bzw. wollen/sollen wir in Zukunft tun)? Warum produzieren wir? Wo arbeiten wir (Standort und regionales Einzugsgebiet)? Mit wem kooperieren wir?

Im angelsächsischen Kulturmanagement hat sich für diese von jeder Organisation zu treffende Grundsatzentscheidung („The reason why we exist"), die prägnant formuliert und „auf den Punkt" gebracht werden muss, der Begriff der *Mission* durchgesetzt. Dies wird im Deutschen häufig mit Organisations- bzw. Unternehmenszweck übersetzt; allerdings wird hier dafür plädiert, gerade im Zusammenhang mit öffentlichen Kulturbetrieben den (zugegebenermaßen etwas) euphemistischen Begriff der *Mission* beizubehalten. Denn in der Tat besteht ja für die meisten Kulturmanager im öffentlichen Kulturbetrieb, die nicht einfach nur vorbefindliche Geschmacksmuster bedienen wollen, eine zentrale Aufgabe darin, Nachfrage nach dem bisher Ungehörten und Ungesehenen zu wecken, in diesem Sinne also eine wahrhaft „missionarische" Tat zu vollbringen! Diese Mission einer Kultureinrichtung, die jedem Mitarbeiter klar und deutlich vor Augen stehen muss, sollte über einen längeren Zeitraum (etwa vier bis fünf Jahre) Bestand haben, denn ihr ordnen sich alle anderen kurz-, mittel- und langfristigen Zielsetzungen unter. Die Mission legt somit die klare Absicht des organisatorischen Anliegens und Tuns fest und gibt dem strategischen und operativen Vorgehen der Kultureinrichtung sowohl einen bestimmten Handlungs*rahmen* wie auch eine bestimmte Handlungs*richtung* (Becker 1999: 13). Gleichzeitig ist sie die wesentliche Grundlage für die entsprechenden Zielvereinbarungen mit dem Träger bzw. den sonstigen Geldgebern.

Eine Kulturorganisation ohne eine klare Mission ist einem Schiff vergleichbar, welches ohne funktionierenden Kompass in See sticht. So lange „die Küste" (also irgendwelche kurzfristigen Nahziele oder Projekte) in Sicht sind, kann noch einigermaßen der Kurs gehalten werden. Weiter entfernte Ziele und Herausforderungen, insbesondere grundlegende Veränderungen, lassen sich so allerdings kaum bzw. nur zum Preis großer Unsicherheit ansteuern. Da sich aber die Umweltbedingungen immer schneller ändern, ist zur langfristigen Erfolgssicherung strategische Planung notwendig; diese ist ohne einen festen Orientierungspunkt allerdings unmöglich.

Eine Non-Profit-Organisation, die sich nicht aktiv mit der Entwicklung einer Mission auseinandersetzt, hat in vielen Fällen Probleme mit der Fokussierung auf ihren eigentlichen Sinn und Zweck. Gerade in öffentlichen Kultureinrichtungen drückt sich eine unklare (im schlimmsten Falle gar nicht vorhandene) Mission nicht selten in einer Vielzahl von erbrachten Leistungen aus, die keineswegs der Zielerreichung dieser Organisation dienen und unnötigerweise Ressourcen verschlingen (Horak/Heimerl-Wagner 1999: 154). Trotz aller gegenteiliger Behauptungen fehlt diese inhaltliche Klarheit, die ein Mission Statement ausdrückt, in vielen deutschen öffentlichen Kultureinrichtungen oder kann sie oft nur höchst unklar beschrieben werden. Nicht zuletzt aufgrund dieses inhaltlichen Defizits drängen sich gerade in Zeiten knapper werdender öffentlicher Mittel daher zunehmend finanzielle Ziele in den Vordergrund, die ihrerseits den scheinbar „unschätzbaren" Vorzug haben, recht einfach quantifizierbar zu sein.

Die *Kommunale Gemeinschaftsstelle* hat die Folgen dieses im Kern fatalen Mechanismus fehlender inhaltlicher Zielvorgaben schon 1989, also zu einer Zeit, als die finanziellen Handlungsspielräume noch keineswegs so eingeengt waren wie heute, in ihrem Gutachten zur *Führung und Steuerung des Theaters* in aller Klarheit beschrieben: „In der Praxis sind operationale Zielvorgaben des Theaterträgers an die Theaterleitung weitgehend unbekannt. In Dienstverträgen mit Intendanten und künstlerischen Führungskräften sind in der Regel nur abstrakte

5.2 Die Mission

Formulierungen wie ‚Förderung der künstlerischen Leistungskraft und des Ansehens der Bühne nach besten Kräften' zu finden. Somit fehlen den Verantwortlichen der Trägergemeinde (Politik und Verwaltungsführung) Maßstäbe, um die Notwendigkeit der vom Theater geforderten Finanzmittel vor allem in Relation zur Wirksamkeit der örtlichen Theaterarbeit beurteilen zu können." Die Konsequenz: „Den Zuschussforderungen des Theaters können die Entscheider in Politik und Verwaltung in der Regel nichts anderes als *Sach- und Finanzzwänge* entgegensetzen" (Kommunale Gemeinschaftsstelle 1989: 26). Anders dagegen, wenn ein klar formulierter Auftrag vorliegt, der sich in einem entsprechenden Mission Statement niederschlägt: Dann lässt sich inhaltlich diskutieren und über Qualität sprechen.

Damit das Mission Statement von allen internen und externen Mitarbeitern und auch den Partnern („Stakeholder") der Kultureinrichtung verstanden und verinnerlicht werden und somit seine Rolle als zentrale Steuerungsgröße spielen kann, muss es *verständlich* und *kurz* sein. Dabei sollte das Mission Statement gleichzeitig allgemein genug sein, um nicht ständig revidiert werden zu müssen und hinreichend speziell sein, um klar die Ziele und das Programm zu verdeutlichen. Das Mission Statement ist allerdings keinesfalls mit einem Werbeslogan oder gar einem Motto zu verwechseln, sondern es ist klar, nüchtern und eindeutig zu formulieren.

Das Mission Statement hat eine doppelte Orientierungsfunktion: In der *Innenwirkung*, d. h. in seiner Führungsfunktion ist die Mission *das* zentrale Planungs-, Steuerungs- und Kontrollinstrument. Die möglichst präzise Festlegung des kulturellen Betätigungsfeldes trägt dazu bei, *alle Ressourcen* auf ganz bestimmte Fixpunkte hin auszurichten. Die Konzentration der Kräfte sensibilisiert die Betroffenen für relevante Trends, Chancen und Gefahren und bestimmt die nötige Qualifikation der Mitarbeiter. Sie erhöht deren Motivation und fördert die Koordination von Abteilungen und Aktivitäten (Nieschlag/Dichtl/Hörschgen 1997: 77). Das Mission Statement ist somit ein Maßstab, an dem die Organisation und ihre Mitglieder sich selbst orientieren und messen können, denn alle Mitarbeiter (Aufgabenträger) einer Kulturorganisation können nur dann „sinnvoll" geleitet werden bzw. sich selbst steuern, wenn ihnen das Selbstverständnis und die Grundsätze der Kultureinrichtung bekannt sind und diese von ihnen auch als handlungsrelevant anerkannt werden (Becker 1999: 8).

So schreiben Jenewein/Heidbrink über die Funktion der Mission am Beispiel des veränderten Selbstverständnis der Deutschen Nationalmannschaft im WM Jahr 2006: „Die Mission des Teams klang in allen internen und öffentlichen Auftritten der drei Führungskräfte immer wieder durch. Es war dabei durchaus ein bewusstes Vorgehen, bei allen Vorträgen, Ansprachen und Interviews mit ähnlichen Worten die gleichen Botschaften zu transportieren. Man setzte durch die Emotionalisierung der Kampagne auf einen gruppendynamischen Prozess, auf eine ‚Welle der Begeisterung, welche die Mannschaft bis ins Finale tragen sollte' (...) Bezeichnenderweise übernahmen die Spieler diese Maxime. Zur Verwunderung der Öffentlichkeit bekannten sich nach und nach alle Spieler zu der Teamvision, wiederholten sie ständig in Interviews und verteidigten sie gegen Kritik" (Jenewein/Heidbrink 2008: 51).

In der *Außenwirkung* bzw. *-kommunikation* ist das Mission Statement die zentrale, immer wiederkehrende Botschaft gegenüber allen externen Interessen- und Anspruchsgruppen wie Publikum, Presse, Sponsoren, Politik und Verwaltung, Lieferanten, Konkurrenten usw., kurz gesagt: gegenüber den Stakeholdern. Es ist das grundlegende „Versprechen" der Kultureinrichtung und dadurch auch der zentrale Maßstab, an dem die Umwelt diese Organisation messen kann. Macht die Kultureinrichtung etwas anderes, als sie verspricht und nach außen hin signalisiert, wird ihr dies sicherlich sehr schnell vorgehalten werden.

Das Mission Statement lässt sich allerdings nicht auf den bloßen kulturpolitischen Auftrag reduzieren (der sowieso meist nur höchst ungenau fixiert ist). Selbstverständlich spielt dieser Auftrag, da wo er klar und eindeutig formuliert ist (etwa in einem Gesetz, in einer Satzung oder einem Gesellschaftervertrag), eine zentrale Rolle. Andererseits ist aber eine Kultureinrichtung eine lebendige Organisation, deren Mitglieder eigene Vorstellungen entwickeln und einbringen und den gestellten Auftrag entsprechend interpretieren und ausgestalten. Besonders deutlich wird dies meist dann, wenn alte Mitarbeiter ausscheiden und/oder neue hinzukommen und von der Organisation ganz spezifisch auf deren Bedürfnisse und Anforderungen hin sozialisiert werden. Deutlich wird dies auch dann, wenn Organisationen (mit ihren unterschiedlichen Organisationskulturen) fusionieren, etwa bei der Zusammenlegung von Theatern (vgl. hierzu Föhl/Huber 2004). Darüber hinaus verändert sich aber auch die Umwelt permanent und stellt die Kulturorganisation vor neue Herausforderungen, denen diese sich in der Interpretation ihres Auftrags flexibel anpassen muss.

Ein Mission Statement speist sich deshalb aus ganz verschiedenen Quellen. Unbestreitbar spielt der angesprochene kulturpolitische „Auftrag" des öffentlichen Trägers eine wichtige Rolle; er ist desto bedeutsamer, je klarer er (juristisch bindend) fixiert ist. Solche Zielsetzungen können etwa in der Gründungsurkunde bzw. im Stifterwillen (wenn es sich um eine Stiftung handelt) oder in der Vereinssatzung (wenn die Kulturorganisation in dieser Rechtsform geführt wird) formuliert sein. Sollte es sogar ein eigenes Gesetz geben (wie z. B. beim Denkmalschutz oder im Archivwesen), so finden sich dort die entsprechenden Festlegungen. Hinzu kommen – gerade auf der kommunalen Ebene – spezielle Beschlüsse der politischen Vertretungen bzw. Anweisungen der Verwaltung.

Eine weitere wichtige Rolle spielen zweitens Verträge, wenn z. B. mehrere Partner sich zur Realisierung bestimmter Aufgaben zusammenschließen (wie dies etwa die Gesellschafterversammlung im sog. Gesellschaftsvertrag einer Gesellschaft mit beschränkter Haftung tut). Drittens legen die jeweiligen kulturpolitischen Dachverbände (z. B. der *Verband Deutscher Musikschulen e.V.*, der *Deutsche Bühnenverein – Bundesverband Deutscher Theater*, die *Bundesvereinigung Deutscher Bibliotheksverbände e.V.*, der *Deutsche Museumsbund e.V.*, der *Deutsche Volkshochschulverband* usw.) ihrerseits entsprechende Standards, Richtlinien, Musterverträge usw. fest, die nach Möglichkeit von den einzelnen Mitgliedern in ihrer täglichen Arbeit berücksichtigt bzw. durchgesetzt werden sollen. Viertens arbeitet keine Kultureinrichtung isoliert, sondern in einem spezifischen Umfeld. Auch wenn sie eine spezifische Aufgabenstellung und ein entsprechendes eigenes Selbstverständnis von ihrem Tun hat, so wird sie dennoch auch fragen, was die (tatsächlichen oder potenziellen) Besucher von ihr erwarten, wie sie sich gegenüber der Konkurrenz abgrenzen kann, welche Künstlerinnen und Künstler sie spezifisch anziehen möchte – all dies fließt ebenfalls in das Mission Statement ein. Neben diesen äußeren bzw. formalen Faktoren spielen fünftens auch die Vorstellungen der jeweiligen Leitung bzw. der Mitarbeiter eine gravierende Rolle. Jede Organisation hat ihre eigene Geschichte, ihre eigene Organisations- bzw. Unternehmenskultur (Ulrich 1984: 312).

Die Formulierung eines Mission Statements kann aufgrund dieser unterschiedlichen Quellen und Einflussfaktoren somit erst das Ergebnis eines längeren Diskussionsprozesses mit möglichst vielen bzw. allen Mitarbeitern der Kultureinrichtung sein. Bei der Formulierung des Mission Statements für eine Kulturorganisation muss deshalb von vornherein klar sein, dass dies nicht die Aufgabe des Kulturbetriebsleiters allein sein kann und dass diese Arbeit auch nicht in einer oder zwei Sitzungen aller Mitarbeiter quasi nebenbei erarbeitet werden kann. Vielmehr ist dies in aller Regel ein längerfristiger, nicht selten zäher und oft auch recht emotionaler Prozess, der mit viel Geduld durchlaufen werden muss und durchaus einige Monate dauern kann. Es empfiehlt sich deshalb, hierbei schrittweise und möglicherweise auch unter Einbeziehung eines externen Moderators vorzugehen.

5.3 Orientierung Zukunft: Die Vision

Eine Kultureinrichtung hat allerdings nicht nur eine Vergangenheit (die sich in ihrer jeweiligen Organisationskultur niederschlägt) und sie handelt keineswegs nur in der Gegenwart, sondern sie muss auch Visionen für ihre Zukunft entfalten. Sie muss eine Vorstellung von der zu erwartenden Zukunft haben und sich in dieser vorgestellten Zukunft positionieren. „Die Frage, ‚In welchem Geschäft ist unser Unternehmen tätig?' muss daher also durch die Frage ‚In welchem Geschäft wird es in Zukunft tätig sein?' ergänzt werden. Welche bereits erkennbaren Veränderungen in der Umwelt werden sich mit einiger Wahrscheinlichkeit auf die Eigenschaften, die Aufgaben und den Zweck des Unternehmens auswirken? Und wie können wir aufgrund dieser frühzeitigen Erkenntnisse jetzt unsere Theorie vom Unternehmen, die Zielsetzungen, die Strategien und die Aufgabenverteilung neu gestalten?" (Drucker 2001: 44). Eine klar umrissene Vision macht die Zukunft für eine Kulturorganisation somit greifbar, plastisch und erfahrbar. Sie entfaltet die notwendige motivierende Kraft, das, was man sich vorstellt, auch tatsächlich erreichen zu wollen und zu können. Wie es Walt Disney einmal auf den Punkt brachte: „Wenn Du es Dir vorstellen kannst, kannst Du es auch machen."

Einer der dümmsten von Politikern in Umlauf gebrachten Sätze, der leider allzu bereit immer wieder gerne nachgeplappert wird, lautet: „Wer Visionen hat sollte zum Arzt gehen." Genau in diesem Zustand der Denk- und Handlungsfaulheit, kurz der Stagnation, befindet sich Deutschland mit vielen seiner öffentlichen Institutionen seit Jahren, wenn nicht Jahrzehnten, mit der durchaus drohenden Gefahr, zunehmend zukunftsunfähig zu werden. Angesichts weltweiter dynamischer Entwicklungen, die auf klaren Zukunftsvorstellungen und Zielen, eben Visionen, beruhen und der Notwendigkeit, mit diesen Entwicklungen offensiv umzugehen, könnte man dieser scheinbaren „Weisheit" deshalb entgegenhalten: „Wer in diesen dynamischen Zeiten keine Visionen hat, wird sich bald auf dem Friedhof der Erstarrung wiederfinden!" Anders formuliert: „Eine Vision ist für den Hilflosen das Unerreichbare, für den Furchtsamen das Unbekannte und für den Tapferen die Chance" (Stroebe/Stroebe 2003: 27). Visionen sind somit Fernziele, die bildhaft gefasst sind, einen starken emotionalen Aufforderungscharakter haben und wichtige Werte und Anliegen ausdrücken (Neuberger 2002: 28).

Sowohl die Umwelt der Kultureinrichtung als auch diese selbst sind also nichts Apathisches, Unbewegliches oder nur Reagierendes, sondern sie wandeln sich permanent. (Allerdings gibt es gerade im scheinbar so innovativen Kulturbereich noch viel zu viele Gegenbeispiele, weshalb die in diesem Kontext so häufig verwendete Metapher des „Dinosaurier" ihre – leider traurige – Berechtigung hat, traurig vor allem, wenn man an das Schicksal dieser Spezies denkt!). Diese Veränderungen sollten im Idealfall von der Kulturorganisation im Rahmen eines strategischen Kulturmanagements selbst kontrolliert vorangetrieben werden und nicht von außen auf sie aufprallen (wie dies seit Beginn der neunziger Jahre etwa durch den Rückgang der öffentlichen Fördermittel, durch Privatisierung bzw. die bloße Überstülpung sog. neuer Steuerungsmodelle vielfach geschehen ist).

5.3 Die Vision

Nur eine Veränderung, die von der Kulturorganisation selbst durchgeführt wird, hat die Chance, von deren Mitarbeiterinnen und Mitarbeitern auch akzeptiert und gesteuert zu werden. Die kontrollierte Fixierung bzw. ggf. Veränderung des Organisationszwecks (der Mission) bedeutet zugleich, dass eine Kultureinrichtung frühzeitig und aktiv notwendige Veränderungen bzw. Weiterentwicklungen aus eigenem Antrieb initiieren muss (Becker 1999: 19). Die Mission (als Fixierung des gegenwärtigen Standortes) bedarf daher der dringend notwendigen Ergänzung durch die Vision. Die Frage: „Wo stehen wir heute" („The reason why we exist") muss deshalb ergänzt werden um die Frage: „Und wo werden wir in zehn Jahren stehen?" („*The reason why we must exist in the future*").

Die Vision spielt somit eine zentrale Rolle in der strategischen Orientierung einer Kultureinrichtung und der einzelnen Mitarbeiter, die ihren Beitrag dazu leisten müssen, um sie zu erreichen. Sie ist zukunftsgerichtet und entwickelt die Mission, deren Aufgabe es ist, den Bestand zu sichern, weiter. Visionen sind dabei durch folgende Basisfragen und ihre entsprechende Beantwortung gekennzeichnet: Wie wird unsere Umwelt in zehn Jahren (wahrscheinlich) aussehen? Was wird anders sein als heute? Wohin wollen und wohin müssen wir uns entwickeln? Wer wird uns dann brauchen? Was wird in zehn Jahren von uns erwartet werden? Was wird dann unser Auftrag, unsere Aufgabe sein? Was wird die Konkurrenz in zehn Jahren machen? Wie können wir unsere Existenz und unser Wachstum sichern? Und wovon träumen wir, jeder einzelne für sich und wir alle zusammen in unserer Organisation? Wie wollen wir uns ganz persönlich weiter entwickeln? Ehrgeizige Visionen streben deshalb nach „machbaren Utopien" und versuchen durchaus qualitative Quantensprünge in Bezug auf bisherige Problemlösungen zu realisieren. Sie sind in aller Regel auf die Schaffung neuer Lösungsansätze (anstelle der bloßen Fortschreibung des Vergangenen) gerichtet, mit anderen Worten auf Leistungen mit innovativem Charakter (Becker 1999: 19).

Innovation ist *das* zentrale ästhetisch-inhaltliche Kennzeichen von Kunst und Kultur. Jeden Abend erwarten die Theater von ihren Besuchern, dass sie mitgehen auf dem Weg der ästhetischen Innovation und sich dem Neuen aussetzen. Ästhetische Innovation bis hin zum Schock ist das Grundprinzip der Bildenden Kunst in der Moderne. Doch muss das, was für die *Inhalte* der Kultureinrichtungen gilt, gleichermaßen auch für deren *Betrieb* und seine Strukturen gelten: Auch sie müssen ständig innovativ weiter entwickelt werden, um den allgegenwärtigen Herausforderungen gerecht zu werden.

Der bewusst paradoxe Begriff der „machbaren Utopie" ist bei der Entwicklung von Visionen im Hinblick auf den Betrieb und die eigenen Mitarbeiter durchaus sehr ernst zu nehmen. Denn zu wenig ehrgeizige Visionen mobilisieren die Mitarbeiter nicht, schaffen kaum die erwünschte Aufbruchstimmung. Andererseits können zu extrem formulierte Visionen die Mitarbeiter sogar lähmen, weil die Realisierung zu aussichtslos erscheint – und nicht selten dienen sie dann als wohlfeile Ausrede für eigenes Nichtstun (Becker 1999: 19). Positiv formuliert heißt dies, dass die Vision ein Zukunftsbild sein sollte, so nahe genug, dass die Realisierbarkeit noch gesehen werden kann, aber doch ausreichend fern, um die Begeisterung der Mitarbeiter für eine neue Wirklichkeit zu erwecken (Boston Consulting Group 1988: 7).

Der schieren Not gehorchend sind die allermeisten öffentlichen Kulturbetriebe in den letzten Jahren allerdings vollauf damit beschäftigt, den Bestand zu bewahren. Das heißt in der Praxis, angesichts gesunkener Zuschüsse und schwieriger finanzieller Bedingungen so gut wie irgend möglich ihren kulturpolitischen, kulturellen bzw. künstlerischen Auftrag zu erfüllen. Und dies heißt auch: mit immer weniger Mitarbeitern trotzdem das Angebot aufrecht zu erhalten, kurz: irgendwie über die Runden zu kommen. Nicht wenige öffentliche Kultureinrichtungen erschöpfen sich bedauerlicherweise hierin.

Dabei wächst der Konkurrenzdruck von privaten Anbietern, werden die Besucher und Nutzer immer anspruchsvoller und entwickelt sich die Umwelt immer rascher. Dadurch erhöht sich der Druck auf die einzelne Kultureinrichtung und ihre Mitarbeiter permanent. Versucht man in Beratungsgesprächen mit öffentlichen Kulturbetrieben eine Vision davon zu entwickeln, wie die Gesellschaft in fünf, zehn Jahren aussehen könnte und zu fragen, wo dann die jeweilige Kulturorganisation selbst stehen könnte, so ist dies nicht selten eine kaum lösbare Aufgabe: Zu sehr ist man im Hier und Jetzt mit allen seinen Bedrängnissen und Beschränkungen gefangen, als dass man einen klaren Blick in die Zukunft richten könnte! Die Gegenwart scheint wie Pech an den Schuhen zu kleben, so dass jeder Schritt in die Zukunft mit unsäglichen Mühen verbunden scheint.

Angesichts dieser deutlich spürbaren Pressionen auf das einzelne Theater oder Museum, die einzelne Musikschule oder Stadtbibliothek scheint es deshalb zunächst frivol, wenn nicht gar zynisch, zu fordern, dass jeder einzelne Kulturbetrieb so schnell wie möglich anfangen sollte, fundierte Visionen seiner eigenen Zukunft zu entwickeln. Aber so paradox dies klingen mag: Gerade weil die gegenwärtigen Veränderungen so tiefgreifend und weitreichend sind, kann es nicht länger genügen, die Zukunft als bloße Fortschreibung des Bestehenden zu begreifen. Vielmehr muss sich jede öffentliche Kultureinrichtung mehr oder weniger neu erfinden und für sich herausarbeiten, wie sie sich selbst in Zukunft positionieren will. Nur so kann sie die Stärke entwickeln, dieses Ziel auch mit aller Kraft anzusteuern.

Zusammenfassend lassen sich also folgende Merkmale einer starken Vision festhalten:
- sie ist das Dach, unter dem die Ziele und Werte einer Kultureinrichtung beherbergt sind;
- sie ist energiebesetzt und mitreißend;
- sie ist erreichbar bei hohem Anspruch und großem Einsatz aller Mitarbeiter;
- sie ist verpflichtend nach innen wie nach außen (Träger, Nutzer, Besucher etc.);
- sie ist bildhaft, plastisch und gibt eine greifbare Vorstellung von der Zukunft;
- sie ist unverwechselbar;
- sie ist einfach, klar und verständlich;
- sie ist richtungsweisend;
- und sie ist in hohem Maße wertorientiert (Stroebe/Stroebe 1997: 28).

5.4 Strategisches Leitbild

Mission und Vision kommunizieren, wie dargestellt, die Essenz der grundsätzlichen strategischen Stoßrichtung einer Kultureinrichtung nach innen und außen. Damit Mission und Vision ihre organisationsinterne Steuerungsfunktion für die Mitarbeiterinnen und Mitarbeiter effizient wahrnehmen können, wird auf ihrer Grundlage in aller Regel ein Strategisches Leitbild entwickelt, das zwar ebenfalls knapp und präzise, insgesamt aber deutlich umfangreicher als die Mission und Vision ist und grundsätzliche Leitlinien vor allem für die einzelnen Mitarbeiterinnen und Mitarbeiter festlegt.

Aufgabe der Formulierung der Organisationspolitik bzw. des Strategischen Leitbildes ist daher, die Zielvorstellungen der Kultureinrichtung insgesamt zusammenzufassen und auszudrücken, damit alle Mitarbeiter an einem Strick (und zwar möglichst gemeinsam in eine Richtung!) ziehen. Die Organisationspolitik, festgelegt im Strategischen Leitbild, kann daher als die Gesamtheit der Organisationsgrundsätze gelten. Diese regeln das Verhalten in der Kultureinrichtung und geben an, welcher künstlerischen oder kulturellen Vision, welchen Werten, Normen und Idealen sich die Einrichtung verpflichtet sieht. Sie dürfen dabei kein starres System von Grundsätzen sein, sondern sollten zu einer Denkmethode werden, mit deren Hilfe man organisationsexterne und interne Entwicklungen erfassen, ihre Bedeutung für Motivation und Engagement der Mitarbeiter ordnen und entsprechend die Strategien festlegen und überprüfen kann (Hinterhuber 1989: 27).

Der *Deutsche Museumsbund* schreibt hierzu 2006 in seinen *Standards für Museen*: „Im Mittelpunkt eines Leitbildes stehen Zweck und Auftrag sowie leitende Werte und gesellschaftliche Funktionen des Museums. Gemeinsame Überzeugungen des Trägers, der Mitarbeiter/innen sowie der Freunde und Förderer des Museums werden formuliert. Dieser Konsens wirkt gleichermaßen identitätsstiftend und richtungsweisend. Die Leitbilddefinition ist transparent gestaltet, alle Beteiligten erhalten Gelegenheit, sich in diesen Prozess einzubringen. Das Leitbild des Museums reagiert dynamisch auf gesellschaftliche und kulturelle Entwicklungen und ist diesen anzupassen. Leitbilder richten sich ebenso nach außen an die Öffentlichkeit wie nach innen an die Beschäftigten, Träger, Freunde und Förderer" (Deutscher Museumsbund/ICOM 2006: 9).

In der Managementliteratur hat sich dafür auch der Begriff der „Transformationalen Führung" (Bass JAHR: 19-31) durchgesetzt, die unter der Maxime „learning to share the vision" darauf angelegt ist „die Vision der Führungskraft auf das gesamte Team zu übertragen. Es geht darum, mit den Einstellungen, Motiven und Ambitionen eines Mitarbeiters zu arbeiten und diese so zu transformieren, dass sie mit dem übergeordneten Teamziel im Einklang stehen. Der Mitarbeiter muss nach der Idee der transformationalen Führung erkennen, dass es seinen individuellen Bedürfnissen entspricht, das Teamziel anzustreben und dafür persönlichen Einsatz zu bringen. Nur unter dieser Bedingung ist außergewöhnliche Leistung jenseits der 100% Norm zu erwarten" (Jenewein/Heidbrink 2008: 46).

Transformationale Führung			
Persönliche Ausstrahlung	**Inspiration / Motivation**	**Intellektuelle Stimulierung**	**Individualisierte Behandlung**
▪ Enthusiasmus vermitteln ▪ Als Identifikationsfigur wirken ▪ Fair und integer handeln	▪ Bedeutung von Zielen und Aufgaben erhöhen ▪ Emotional begeistern ▪ Fesselnde Vision vermitteln	▪ Etablierte Denkmuster aufbrechen ▪ Neue Einsichten vermitteln ▪ Den Status-quo herausfordern	▪ Mitarbeiter individuell fördern ▪ Individuelle Bedürfnisse der Mitarbeiter integrieren ▪ Situative Lösungen finden

Abbildung 1: Transformationale Führung (Jenewein/Heidbrink 2008: 47)

Strategische Leitbilder steuern also sowohl das langfristige wie auch das Alltagshandeln in einer Kulturorganisation. „Letzten Endes bringen effektive Leit-

5.4 Strategisches Leitbild

bildformulierungen das Mögliche und das Unmögliche miteinander in Einklang", schreibt der Managementtheoretiker Jack Welch (Welch/Welch 2005: 25). Wichtig ist dabei, dass im Rahmen des Leitbilds die allgemeinen Grundsätze einer Organisation schriftlich ausformuliert und damit kommunizierbar gemacht werden. Auch das Leitbild sollte wie die Mission und die Vision im Team erarbeitet werden, damit es in der Praxis auch von allen akzeptiert wird. Auf diese Weise ist eine Kultureinrichtung grundsätzlich in der Lage, sich in einem bestimmten Umfeld zu positionieren, ihren Kurs zu halten und aktiv in Entwicklungen eingreifen zu können.

6 Zielvereinbarungen als Steuerungs- und Führungsinstrument

Wie lässt sich nun das hier favorisierte *Management by objectives* bzw. *Management by Systems* in die Praxis von Kulturbetrieben umsetzen? Hierzu sind Zielvereinbarungen ein zentrales *Steuerungs-* und *Führungs*instrument. Unter Zielvereinbarungen versteht man dabei verbindliche Absprachen, die zwischen zwei Ebenen für einen festgelegten Zeitraum über zu erbringende Leistungen, deren Qualität und Menge (Outcome), das hierzu erforderliche Budget bzw. die zur Verfügung stehenden Ressourcen sowie über Art und Inhalt des Informationsaustausches (Berichtswesen/Controlling/Evaluation) geschlossen werden. Grundlegender Leitgedanke ist dabei der Übergang von der bisherigen inputorientierten Detailsteuerung hin zu einer *ergebnisorientierten* Steuerung auf Abstand.

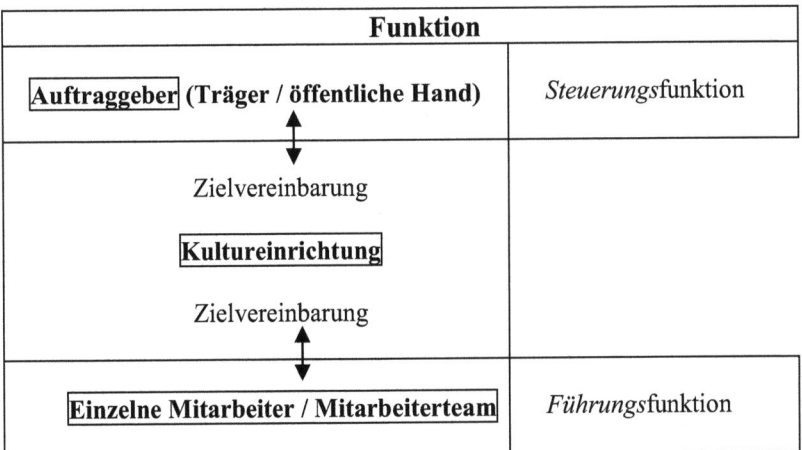

Abbildung 2: Funktionen von Zielvereinbarungen

Zielvereinbarungen bilden somit die Vertrauensgrundlage dafür, dass sich die Partner (etwa die öffentliche oder privatrechtlich-gemeinnützige Kultureinrichtung und der Zuwendungsgeber, also Kommune und/oder Bundesland), aber auch die Mitarbeiter innerhalb der einzelnen Kultureinrichtung gegenüber der Leitung und den vereinbarten Zielen verpflichtet fühlen und ihre Arbeit an diesen Zielen ausrichten. Die jeweils vorgesetzte Einheit (etwa das entsprechende Kunst- oder Kulturministerium oder das städtische Kulturamt) überträgt dadurch einen Teil ihrer Verantwortung und Entscheidungskompetenz – und zwar nicht nur die Ausführung bestimmter Aktivitäten – auf die nachgeordnete Einheit. Sie verzichtet somit auf die Verfahrenskontrolle, d. h. Einzelanweisungen oder -eingriffe, sondern steuert lediglich über die Zielkontrolle (BMI 2001: 9).

6.1 Zielvereinbarungen als Steuerungsinstrument

Dank der seit Anfang der neunziger Jahre begonnenen Umorganisation vor allem der kommunalen Verwaltung ist das Konzept der Steuerung über Zielvereinbarungen in Deutschland zwar durchaus bekannt, wird aber bislang vielfach noch sehr zögerlich umgesetzt. International ist es dagegen längst weit verbreitet.

Die *Vereinten Nationen* etwa, die seit Jahren unter dem heilsamen Zwang stehen, ihre Förderpolitik legitimieren und damit evaluieren zu müssen, sprechen in diesem Zusammenhang auch von *Results-Based Management* (*RBM*). Sie definieren dieses als „a management strategy or approach by which an oganization ensures that its processes, products and services contribute to the achievement of clearly stated *results*. Results-Based Mangement provides a coherent framework for strategic planning and management by improving learning and accountability. It is also a broad management strategy aimed at achieving important changes in the way agencies operate, with improving performance and achieving *results* as the central orientation, by defining realistic expected results, monitoring progress toward the achievement of expected results, integrating lessons learned into mangement decisions and reporting on performance" (UNDP-Evaluation Office 2002). An dieser Definition ist ganz besonders hervorzuheben, dass Förderpolitik hier als ein gemeinsamer, dialogischer Lernprozess von Geförderten und Förderern begriffen wird, um möglichst optimale Ergebnisse („results") zu erreichen.

Einige europäische Länder, wie z. B. die Niederlande oder die Schweiz, haben die Zweckmäßigkeit eines solchen Vorgehens auch in der Kulturpolitik begriffen und entsprechende Veränderungsprozesse bereits vor Jahren durchgeführt bzw. eingeleitet. Im Vergleich mit bzw. in Abgrenzung zur *traditionellen* Steuerung von Kulturbetrieben, die in aller Regel über

6.1 Steuerungsinstrument Zielvereinbarung

- die (zumeist bürokratische) Aufbauorganisation,
- den Haushalt (d. h. die Kameralistik) und schließlich
- direkte Anweisungen durch Kulturpolitik bzw. Kulturverwaltung erfolgt,

lässt sich die Steuerung über Zielvereinbarungen systematisch wie in der Abbildung unten darstellen (Online-Verwaltungslexikon, Stichwort: Zielvereinbarung).

	Traditionelle Steuerung	Steuerung mit Zielvereinbarungen
Management-perspektive	Operativ / unsystematisch, d. h. Steuerung durch Haushaltsplan und permanenter Eingriff ins „Tagesgeschäft"	Strategisch, d. h. klare Managementperspektive und Verzicht auf operative Vorgaben
Leistung	„Aufgaben", die erfüllt werden müssen, unspezifisch, undefiniert auf Art, Menge, Qualität	*Output*orientierung, d. h. Leistungen als Produkte definiert und *Outcome*orientierung, d. h. Wirkungen messbar
Input	Detaillierte Vorgabe der Ressourcen über kameralen Haushalt, ohne Ergebnisrationalität	Globalbudget, ggf. mit leistungsbezogener Mittelzuweisung (nur wenn – dann)
Zeitliche Dimension / Berechenbarkeit	Generelle Regelungen, i.d.R. auf unbestimmte Zeit, aber Einzeleingriffe jederzeit; Unberechenbarkeit, was Einzeleingriffe angeht	Verhandlungen zu definierten Zielen bei definierten Ereignissen; Regelungen / Vereinbarungen mit definierter Gültigkeitsdauer; Berichte nach Zeitplan bzw. definierten Ereignissen Berechenbarkeit der Steuerung, da Einzeleingriffe Ausnahme
Kommunikation	Hierarchisch bis autoritär (Erlasse, Vorschriften, Verordnungen) Reaktion auf Berichte / Vorschläge nach freiem Ermessen	Verhandlungen unter Nutzung der Sachkompetenz aller Seiten Keine formale Überlegenheit der vorgesetzten Stelle Definiertes Berichtswesen (sachlich, zeitlich) Kontrolle beschränkt auf Einhaltung der Zielvereinbarung; ggf. nur noch Rechtsaufsicht; Kommunikation wird evaluiert;

Fortsetzung auf S.110

Verantwortung	„organisierte Unverantwortlichkeit" fehlende Erfolgskennzahlen fehlende Steuerungsinstrumente, um Erfolg sicherzustellen fehlende Ergebnisverantwortung	Klare Verantwortungsteilung; Erfolg ist messbar durch operationale Ziele und *Leistungs-* und *Wirkungs*kontrolle als Steuerungsinstrumente; getrennte Verantwortung: Auftraggeber: Verantwortung für strategische Entscheidungen, Definition der erwarteten Ergebnisse und Handlungsrahmen Auftragnehmer: Verantwortung für Ergebnisse (Effektivität) und die Effizienz des operativen Geschäfts

Abbildung 3: Traditionelle Steuerung und Steuerung über Zielvereinbarungen

In einer Zielvereinbarung als *Steuerungs*instrument sollten folgende Elemente definiert werden:

- *Beschreibung des Ist-Standes*, d. h. Bestimmung der Ausgangssituation: Was wird im Moment von dem Kulturbetrieb geleistet? Welche gravierenden bzw. wiederkehrenden Probleme treten bei der kulturellen Leistungserstellung auf? (z. B. permanente Unterfinanzierung; zu wenig Personal; unzureichendes Know-how usw.) Was ist gut, was ist schlecht? (z. B. engagierte Mitarbeiter, starke Besucherbindung usw.)
- *Bedarf an ggf. Neugestaltung*, d. h.: Was muss geändert werden? (z. B. größere Besucherorientierung; bessere Mitarbeiterqualifikation usw.) Was muss besser werden? Was fehlt? Welche neuen Ziele sind anzustreben?
- *Definition Zielobjekt/Zielinhalt*, d. h.: Was bzw. welches Ergebnis soll erreicht werden? (Wie kann die Qualifikation verbessert werden? Welche Weiterbildungsmöglichkeiten für die Mitarbeiter gibt es? Wie können diese finanziert werden?)
- *Bestimmung des Zielerreichungsgrade/Zielausmaßes*, d. h.: Wie viel soll erreicht werden? Welches Ausmaß der Zielerreichung wird angestrebt? (Festlegung des prozentualen Anteils fest gebundener Besucher = Stammpublikum)
- *Festlegung des Zielmaßstabs*, d. h.: Woran soll die Zielerreichung gemessen werden? Welche Messkriterien sollen angewendet werden? (Wie soll Besucherbindung gemessen werden? Wie kann sie längerfristig gesteigert werden?)
- *Fixierung des zeitlichen Bezuges*, d. h.: Bis wann sollen die angestrebten Ziele erreicht werden? (BMI 2001: 13f)

6.1 Steuerungsinstrument Zielvereinbarung

Im Prozess der Zielvereinbarung können unterschiedliche *Zieldimensionen* unterschieden werden, nämlich (1) *inhaltliche Leistungsziele*, die die inhaltliche Dimension näher definieren; (2) *Zielgruppen* (Marketingziele), d. h. welche Zielgruppen sollen mit welchen Angeboten vorrangig erreicht werden? (3) *Finanzziele*, die den zur Zielerreichung nötigen personellen, finanziellen und sächlichen Ressourcenaufwand fixieren und schließlich (4) *personenbezogene Ziele*, die sich auf die Entfaltungsmöglichkeiten der einzelnen Mitarbeiter beziehen. Dies heißt im Einzelnen:

1. Inhaltliche *Leistungsziele* beschreiben, was die beiden Zielvereinbarungspartner *inhaltlich* gemeinsam erreichen wollen. Dabei ist neben dem Ziel*inhalt* auch der angestrebte Ziel*erreichungsgrad* zu bestimmen. In einem ersten Schritt muss die öffentliche Hand als Zuwendungsgeber deshalb ihre (kultur-)politischen Ziele klar und deutlich benennen. Hierzu müssen grundsätzliche kulturpolitische Überlegungen angestellt werden, welche inhaltlichen Ziele mit Hilfe der zu fördernden Einrichtung angestrebt werden sollen („*Was* soll erreicht werden?"). Diese grundlegenden *inhaltlichen Ziele* können beispielsweise die *Pflege neuer und neuester Musik*, die *Förderung vorrangig heimischer Komponisten und Interpreten*, der *Aufbau eines Repertoires zeitgenössischer Dramen im Schauspielbereich des Stadttheaters*, *Ausstellungen aktueller deutscher Graphik, Lesereihen mit Autoren aus der Region* usw. sein. Sicherlich ist die Setzung von ganz konkreten inhaltlichen Zielen nicht immer einfach, aber keineswegs unmöglich und die Kulturpolitik, die diese Ziele mit öffentlichen Mitteln fördert, sollte trotz dieser Schwierigkeit nicht aus ihrer Verantwortung entlassen werden.

Bei der Formulierung von Zielen sollte auf eine Reihe von Punkten geachtet werden. Zunächst ist es wichtig, dass *Ziele* nicht mit *Maßnahmen* verwechselt werden, d. h. es sind gewünschte *Ergebnisse* und nicht geplante Aktivitäten zu fixieren. Es macht auch wenig Sinn, Ziele im Widerspruch zu bindenden Regeln oder geltendem Recht (z. B. Tarifrecht) zu formulieren. Es sollten darüber hinaus keine unrealistischen Ziele vereinbart werden und die Zielformulierung sollte ausreichend genug Freiräume für kreatives und eigenverantwortliches Handeln der Einrichtung lassen. Auf gar keinen Fall darf es irgendwelche Eingriffe in die künstlerische Freiheit geben.

Von daher sind auch Überregulierungen zu vermeiden, d. h. es sollten wirklich nur solche Ziele fixiert werden, die tatsächlich grundsätzlichen Steuerungszwecken entsprechen. Dennoch sind Ziele eindeutig zu formulieren, d. h. es sollten kurze und präzise Formulierungen gewählt werden, die Interpretationsspielräume so weit wie möglich ausschließen. Und Ziele sollten von vornherein stets so formuliert werden, dass ihre Erreichung auch überprüft werden kann. Diese Operationalisierung ist ebenfalls nicht ein-

fach. Die *Operationalisierung*, d. h. Messbarmachung von Zielen ist allerdings ein zentraler Bestandteil der Zielvereinbarung, denn ohne sie kann es keine sinnvolle Evaluation geben, d. h. die Klärung der Frage, ob die Ziele tatsächlich erreicht wurden.
Bei der Festlegung von Messkriterien sollte Folgendes beachtet werden:
- In diesen Messkriterien muss sich widerspiegeln, dass für eine funktionierende Kulturorganisation keineswegs die finanziellen Aspekte wichtig sind, sondern vor allem und in erster Linie die inhaltliche Qualität; darüber hinaus sind Besucherorientierung, und Mitarbeitermotivation wichtige Ergebnisdimensionen. Dabei sind nicht alle Ergebnisdimensionen für alle Ziele gleich gut geeignet. Für jedes Ziel ist einzeln zu entscheiden, welche Dimension im Besonderen zur Messung des angestrebten Ergebnisses herangezogen wird.
- Messkriterien müssen sich in ihrer Art danach ausrichten, auf welcher Ebene des Zielsystems jeweils gemessen werden soll. Messkriterien für höhere Ebenen, bei denen es vorrangig um die strategische Ausrichtung einer Kultureinrichtung geht (z. B. „Wie will sich eine Musikschule auf dem lokalen und regionalen Musikmarkt positionieren?"), sehen anders aus als Messkriterien für operative Bereiche („Wie sollen die verstärkten Unterrichtsabbrüche der 14-15jährigen vermindert werden?"), bei denen eher auf Details eingegangen werden muss.
- Die einzelnen Messkriterien stehen nicht alleine, sondern oft in einem mehr oder weniger engen Zusammenhang (z. B. inhaltliche Zielsetzung, Wirtschaftlichkeit, Mitarbeiterzufriedenheit usw.). Zielkonflikte müssen daher so weit wie möglich im Vorfeld beseitigt werden.
- Die Erhebung der notwendigen Daten muss sowohl möglich wie auch wirtschaftlich (Beachtung des Aufwand-Nutzen-Verhältnisses) sein, d. h. die Evaluation darf nicht zum Selbstzweck, aber auch nicht zur Alibiveranstaltung werden.
- Bei der Festlegung der Messkriterien geht Qualität vor Quantität (weniger ist oft mehr!). Dies bedeutet, dass es nicht auf die schiere Menge der Messzahlen ankommt, sondern auf ihre Aussagekraft und auf ihre Relevanz hinsichtlich der Steuerung des jeweiligen Kulturbetriebs. Deshalb sollte zu Beginn der Einführung der Steuerung über Ziele mit einigen wenigen Kennzahlen begonnen werden, um eine Überforderung zu vermeiden und um deren Eignung testen zu können. (BMI 2001: 16)

2. Bei der Festlegung von Zielvereinbarungen geht es zweitens auch um die Frage, *wer*, d. h. welche Zielgruppen, vorrangig mit den inhaltlichen Zielsetzungen (ggf. auch *mit welchen Wirkungen*) erreicht werden soll. Eine Musikschule kann sich beispielsweise für das nächste Schuljahr zum Ziel

setzen, durch entsprechende Marketingaktivitäten die Anmeldungen in der *Musikalischen Früherziehung* um 30 % zu steigern. Ein Museum kann für eine geplante Sonderausstellung die Zahl der erwarteten Besucher im Voraus auf 60.000 festlegen oder die Teilnehmer an Museumsführungen pro Zeiteinheit oder die erreichten Schulklassen pro Zeiteinheit usw. und feststellen, ob dieses Ziel erreicht wird. Ein Orchester, das erstmals ein Konzert mit zeitgenössischer Musik in sein Abonnement aufnimmt, kann die absolut erwartete Besucherzahl (z. B. 250 Personen) fixieren oder eine prozentuale Festlegung im Hinblick auf die übliche Besucherzahl innerhalb des Abonnements (z. B. 30 % der sonst üblichen Besucherzahl) abgeben.

3. Die dritte Dimension der Zielvereinbarungen zwischen Auftraggeber und Auftragnehmer umfasst die *Ressourcenziele*. Hier geht es zentral um die Frage: Welche Ressourcen (also z. B. Finanzmittel, Personal, Räumlichkeiten, Sachmittel usw.) stellt der Auftraggeber bzw. die öffentliche Hand bereit, um die Erreichung der inhaltlichen Ziele sicherzustellen?

Sicherlich lässt sich über jeden einzelnen der gewählten Indikatoren lange streiten; bloße Zahlen ohne entsprechende Erläuterungen zu dem, wofür sie stehen, sagen in der Tat zunächst sehr wenig aus. Andererseits kommt es aus Gründen der Steuerbarkeit und Kontrollierbarkeit darauf an, die für die jeweilige Kultureinrichtung aussagekräftigsten Zielindikatoren zu finden, um angestrebte Wirkung und tatsächliche Zielerreichung einigermaßen zuverlässig überprüfen zu können.

6.2 Zielvereinbarungen als Führungsinstrument

Zielvereinbarungen sind aber nicht nur ein hervorragendes Steuerungsinstrument zwischen Auftrag- bzw. Zuwendungsgeber und jeweiliger Kultureinrichtung, sondern auch ein exzellentes *Führungsinstrument* zur *internen* Steuerung einer Kulturorganisation. Zielvereinbarungen zwischen der Führung einer Kultureinrichtung und den einzelnen Mitarbeitern sind unter dieser Perspektive „eine ernst gemeinte Übereinstimmung zwischen den beteiligten Gesprächs- und Verhandlungspartnern. Der Sinn und Zweck dieser Übereinkunft besteht darin, bestimmte Handlungen auszuführen, die zur Erreichung eines gewünschten Soll-Zustandes beitragen. Dieser Soll-Zustand wiederum ist meist an einen definierten Terminhorizont gebunden und erfordert gezielte Anstrengungen seitens der Umsetzungsverantwortlichen, damit das erstrebte Ergebnis tatsächlich erreicht wird. Zielvereinbarungen setzen voraus, dass diejenigen, die eine solche Übereinkunft aushandeln, auch tatsächlich in der Lage sind, den angestrebten Zielzustand durch eigene Initiative herbeizuführen" (Kunz 2003: 89). Zielvereinbarungen haben also einen deutlich motivierenden und aktivierenden Charakter: Der Mitarbeiter soll sich zielorientiert engagieren können und wissen, warum er was tut.

Allerdings sollte man sich nicht täuschen: Die Einführung und vor allem die Einübung der Steuerung eines Kulturbetriebes mit Hilfe von Zielvereinbarungen ist zunächst mit einem hohen zeitlichen und letztlich auch emotionalen Aufwand verbunden. Denn zunächst müssen die Mitarbeiter umfassend über dieses Steuerungsinstrument informiert und dann vor allem für dessen Umsetzung gewonnen werden. Nur, wenn die Mitarbeiter vom Sinn und vom Zweck dieses neuen Steuerungsinstrumentes wirklich überzeugt sind, werden sie für eine Mitarbeit gewonnen werden können. Alles, was neu ist, schafft zunächst einmal Unruhe, weil der gewohnte Trott verlassen wird. Und diese Unruhe mag nicht selten mit Angst verbunden sein, z. B. die Angst, mit dem neuen Führungselement besser kontrolliert zu werden. Es geht aber – es sei wiederholt – um Steuerung (im Sinne des englischen ‚control' = ‚lenken, steuern, leiten, regeln, regulieren'), nicht um „Kontrolle" im Sinne des Überwachens.

Und auch die Führungskräfte selbst brauchen ausreichend Zeit, entsprechende Zielvereinbarungsgespräche zu strukturieren und zu trainieren. Alle Mitarbeiter und Ebenen einer Kultureinrichtung müssen daher tatsächlich vom Nutzen dieses Instrumentes überzeugt sein. Denn lediglich – wie leider vielfach zu beobachten – „die Einführung von Zielvereinbarungen als eine Modeerscheinung zu betrachten, die man sich leistet, weil es andere auch tun, bedeutet Geld zum Fenster hinauszuwerfen und unnötige Frustrationen zu erzeugen" (Kießling-Sonntag 2002: 21).

Was sind nun die eindeutigen Vorteile einer Führung mit Zielen? Zunächst einmal ist deutlich zu machen, dass zukunftsgerichtete Ziele nicht nur dem jeweiligen Kulturbetrieb insgesamt, sondern auch dem Handeln jedes einzelnen Mitarbeiters bzw. des Mitarbeiterteams eine konkrete Richtung und eine strategische Orientierung geben. Handlungsrelevante Informationen, die auf dieses Ziel hin ausgerichtet sind, werden daher von den Mitarbeitern bevorzugt aufgenommen, Wichtiges wird von Unwichtigem getrennt. So kann z. B. für ein Museum, das in den letzten Jahren stetig Besucher verloren hat, ein wichtiges Ziel sein, verstärkt besucherorientiert zu arbeiten. Das Ziel der „Besucherorientierung" erhält also für die nächsten drei Jahre absolute Priorität. Alle Mitarbeiter in ihren jeweiligen Positionen und Aufgabenbereichen müssen sich dementsprechend fragen, wie sich ihre konkreten Maßnahmen diesem übergeordneten Ziel unterordnen. Beispielsweise wäre zu überlegen: „Ist diese Maßnahme, die wir beabsichtigen durchzuführen, wirklich besucherorientiert – oder dient sie vielleicht nicht eher der Befriedigung eines ganz besonderen wissenschaftlichen Spezialinteresses des Mitarbeiters?" „Welche bestimmte einzelne Maßnahme wendet sich ganz besonders an welche Besucher?" Die Energien der Mitarbeiter werden somit auf die zielrelevanten, strategischen Prioritäten gerichtet. Erfolg fängt im Kopf an, d. h. in der Bereitschaft der Mitarbeiter, das Ganze zu denken! Der berühmte „Tageskram", der so viele Mitarbeiter (nicht nur) in Kultureinrichtungen belastet und den sie so häufig beklagen, weil er unnötigerweise so viele wichtige, produktive Energien absaugt, wird unter der strategischen Perspektive auf das reduziert, was er ist: Nämlich Tageskram, der bereits morgen schon wieder vergessen ist! Wenn der einzelne Mitarbeiter ein ganz klares Ziel vor Augen hat, dessen Wichtigkeit und Bedeutung Denken und Handeln nachdrücklich bestimmen, wird der „Tageskram" praktisch „mit links" erledigt. Denn er bekommt in vielen Kultureinrichtungen seine aufgebauschte Bedeutung vor allem deshalb, weil vielfach diese lohnenden Ziele fehlen und die Mitarbeiter sich unnötigerweise verzetteln.

Allerdings kann der Sinn von Zielvereinbarungen in einem Kulturbetrieb nicht darin liegen, sog. *Sicherheitsziele* (d. h. Ziele, die mit hoher Wahrscheinlichkeit sowieso bzw. bei minimalem Kraftaufwand erreicht werden können) in den Mittelpunkt zu stellen. Dies ist in Kulturbetrieben zu beobachten, die keine weiterführende Vision haben, sondern sich im Wesentlichen mit sich selbst beschäftigen. Vielmehr sind nur solche herausfordernden Erfolgsabsichten und Zielvorstellungen, die mit einem besonderen Engagement und intensivem Bemühen verbunden sind, sinnvoll und motivierend. Also sind von Seiten der Leitung der Kultureinrichtung auf gar keinen Fall sog. „Mickey-Mouse-Ziele, die keinen echten Zugewinn bringen" (BMI 2001: 13) zu vereinbaren. Die Ziele müssen vielmehr ganz eng mit der *Vision* einer Kultureinrichtung verbunden sein, der es weniger um eine Stabilisierung des einmal Erreichten als vielmehr um eine erfolgreiche strategisch-zukunftsorientierte Positionierung geht. Wesentliche Grundhaltung und Voraussetzung für die Führung mit Zielvereinbarung sind deshalb unendliche Beharrlichkeit, geduldige Ausdauer, ungeheure Selbstdisziplin, ausgeprägte Toleranz für Fehler und Rückschläge und vor allem ein grenzenloser Zukunftsoptimismus in der Kultureinrichtung nach der Devise: „Wir wollen es, wir können es und wir werden es auch schaffen!"

Dies hat weitreichende Konsequenzen für die Führungsebene einer Kultureinrichtung, die dieser stets bewusst sein müssen: „Wer mit Zielen führt, muss immer auch *inspirieren*, eine positive Zukunftsaussicht vermitteln, Selbstvertrauen beweisen und an den gemeinsamen Erfolg glauben – selbst dann, wenn auf einer ‚dornigen Wegstrecke' vielfältige Hindernisse und Barrieren ein vorzeitiges Aufgeben nahe legen. Zielvereinbarungen sind keinesfalls eine reine Führungstechnik, sondern vielmehr Bestandteil eines ganzheitlich-wertorientierten, unternehmerischen und menschenorientierten Führungsstils, der hohe persönliche und zwischenmenschliche Anforderungen an die Führungskraft stellt" (Kunz 2003: 20). Ziele fordern und fördern also planende und strategische Aktivitäten nicht nur der Kultureinrichtung insgesamt, sondern auch die Anstrengungen der einzelnen Mitarbeiter. Denn bei anspruchsvollen Zielen nehmen in der Regel Engagement und Ausdauer der Mitarbeiter zu. Eine ganz wesentliche Aufgabe des Führens mit Zielvereinbarungen ist es deshalb, „den *unternehmerischen* Geist der einzelnen Mitarbeiter zu wecken" (Kunz 2002: 39) – ganz im Sinne eines Entrepreneurships!

Umgekehrt geben erreichte Ziele den einzelnen Mitarbeitern der Kultureinrichtung gewachsenes Selbstbewusstsein – und zwar umso mehr, je genauer der einzelne Mitarbeiter um seinen eigenen Beitrag an der Erreichung des jeweiligen Zieles weiß (Kießling-Sonntag 2002: 15). Die Bedeutung dieses Beitrages (ganz im Sinne der oben dargestellten Beitrags-Anreiz-Theorie von Chester Barnard) sollte ihm (und den anderen Mitarbeitern!) immer wieder verdeutlicht werden. Wenn z. B. eine Theaterproduktionen unter besonders erschwerten Bedingungen im letzten Moment allen Widrigkeiten zum Trotz durch den großen Einsatz ganz bestimmter Mitarbeiter (etwa der Bühnentechnik) zur Aufführung gebracht werden konnte, so sollte dies allen Beteiligten in geeigneter Form deutlich gemacht werden (etwa bei der Premierenfeier, die nicht nur die Sänger- oder Schauspieler-„Stars" der Aufführung in den Mittelpunkt stellt, sondern auch die, „die im Dunkeln" arbeiten, hinter und unter und über der Bühne). Zielvereinbarungen können somit die Führungskultur und das Führungsverhalten innerhalb eines Kulturbetriebs weiterentwickeln und eine stärker an den jeweiligen Zielen und Ergebnissen orientierte Arbeitsweise unterstützen. Sie dienen der Leistungssteigerung und der Erhöhung der Arbeitszufriedenheit sowie der Motivation der Beteiligten durch die möglichst partnerschaftliche Vereinbarung der zu erreichenden Ziele.

Zielvereinbarungen haben somit neben der Leistungs- und Ressourcenkomponente („Was soll mit welchen Mitteln erreicht werden?"), immer auch eine *personenbezogene* Dimension bzw. eine Personalentwicklungsfunktion. Es geht darum, durch Zielvereinbarungen „autonome Gestaltungsspielräume aufzuzeigen und zugleich individuelle Entwicklungsperspektiven für die einzelnen Mitarbeiter im Team sichtbar werden zu lassen" (Kunz 2003: 24). Richtig verstandene und konzipierte Zielvereinbarungen umfassen somit immer auch *personelle Wachstumsziele*:

- Wie kann sich der einzelne Mitarbeiter, die einzelne Mitarbeiterin alleine oder im Team an ihrem Arbeitsplatz entfalten, persönlich weiter entwickeln und solchermaßen „wachsen"?
- Welche Aufstiegschancen hat ein Musikschullehrer? Kann er irgendwann Abteilungsleiter, gar Gesamtleiter werden?

- Welche Fortbildungsmaßnahmen gewährt ihm die Kultureinrichtung Musikschule?
- Wer finanziert diese? Welche Freistellungen gibt es?
- Welche Entfaltungsmöglichkeiten haben die nicht-künstlerischen Mitarbeiter im Theater?
- Welche Fortbildungsmöglichkeiten werden ihnen gewährt?

In solchen personenbezogenen Zielen sollte durchaus auch vereinbart werden, welche Befähigungen, Potenziale und weitere Entwicklungen der Mitarbeiter durch spezifische Fördermaßnahmen wie Fortbildung, Aufgabenübertragung, ggf. Arbeitsplatzwechsel innerhalb des Kulturbetriebs usw. vorhanden sind bzw. ausgebaut werden sollten (BMI 2001: 12). Der einzelne Mitarbeiter muss ganz konkret erleben, was es ihm bringt, wenn er sich im Sinne des Ganzen engagiert.

6.3 Der Nutzen von Zielvereinbarungen

Zielvereinbarungen gewähren aber nicht nur dem einzelnen Mitarbeiter mehr Handlungsspielraum und Eigenverantwortlichkeit, sondern sie nutzen auch direkt der Führungskraft der jeweiligen Kultureinrichtung. Sie bieten ihr „die Chance, zugleich eine wirksame, persönliche Handlungsentlastung zu erreichen: Statt zeitintensivem konventionellem Anweisen und Kontrollieren kann eine weit gehende Delegation der Ergebnisverantwortung umgesetzt werden, die allerdings wiederum ein hohes Maß an situativer Beratung und Coaching seitens der Führungskraft erfordert" (Kunz 2003: 39).

Stellt man nun zusammenfassend die Frage nach dem Nutzen von Zielvereinbarungen als Führungs- und Steuerungselement einer strategiefokusierten Kultureinrichtung, so kann differenziert werden, wer welchen Nutzen davon hat (Kießling-Sonntag 2002: 24f.).

1. Der *Nutzen für den jeweiligen Kulturbetrieb* insgesamt besteht zunächst darin, dass alle Energien konsequent im Sinne seiner zukunftsorientierten, strategischen Grundausrichtung konzentriert werden. Alle Mitarbeiter fühlen sich einer gemeinsamen Vision und vereinbarten Zielen (z. B. „Erhöhung der künstlerischen Qualität", „Verstärkte Besucherorientierung", „Steigerung des Kostendeckungsgrades", „Erhöhung des Bekanntheitsgrades", „Wiedererkennung als ‚Marke' " usw.) verpflichtet und setzen ihre gesamten Anstrengungen darin, diese Ziele tatsächlich zu verwirklichen. Durch die Strukturierung in Ober-, Teil- und Unterziele können Einzelaufgaben und Prozessabläufe innerhalb der Kultureinrichtung besser strukturiert, koordiniert und kontrolliert werden unter der Fragestellung: „Sind wir

noch auf dem richtigen Weg?" Es findet eine konsequente Personalentwicklung statt, die die Mitarbeiter weiter qualifiziert und motiviert, wovon die Kultureinrichtung insgesamt nachhaltig profitiert: Das Leistungs- und Qualifikationsniveau des Kulturbetriebes insgesamt wird permanent steigen. Der Beitrag jedes Einzelnen wird deutlich erkennbar und seine Kenntnisse und Erfahrungen fließen nicht nur in die Umsetzung, sondern bereits in den Planungsprozess ein.

Die Vereinbarung von Zielen steigert darüber hinaus die Identifikation der einzelnen Mitarbeiter zunächst mit ihrer jeweiligen Aufgabe („*Ich* will meine spezifische Aufgabe schaffen ..."), vor allem aber auch mit der Kulturorganisation insgesamt („... damit *wir* unser Gesamtziel erreichen"). Innerhalb der Kultureinrichtung baut sich sukzessive ein „Wir-Gefühl" auf, wo vorher Einzelkämpfer und Grüppchen aktiv waren. Und die Arbeit macht einfach mehr Spaß: Erfolg motiviert! Vereinbarte Ziele schaffen Freiräume für Kreativität und Innovationen durch den Einzelnen, die wiederum dem Kulturbetrieb im Ganzen zugute kommen. Darüber hinaus unterstützen klar fixierte Ziele die Selbstkontrolle der Mitarbeiter und vermindern die Notwendigkeit der Kontrolle seitens der Vorgesetzten. Auch das wirkt entlastend für die einzelnen Mitarbeiter, denen nicht ständig der Chef „auf den Füßen steht".

2. Der *Nutzen für den einzelnen Mitarbeiter* liegt zunächst darin, dass jeder eine klare Orientierung über die Ziele der Kultureinrichtung und die Bedeutung seines eigenen wichtigen Beitrages innerhalb des Ganzen erhält. Sein Tun bekommt „Sinn" und „Wert", es geht nicht länger um den berühmten „Quaderstein" und auch nicht darum, „der Beste" zu sein, sondern es geht um die gemeinsame „Kathedrale"! Der Mitarbeiter wird aktiv in die Festlegung der für ihn maßgeblichen Ziele mit einbezogen und bekommt diese nicht abstrakt als Sollvorgaben vorgesetzt. Diese Einzelziele wiederum fließen in das Gesamtzielsystem ein.

Dadurch werden seine Eigeninitiative und seine Eigenverantwortung nachhaltig gestärkt. Der einzelne Mitarbeiter erhält mehr Spielraum und Flexibilität zur Selbststeuerung; seine Möglichkeiten für Kreativität und Autonomie werden deutlich höher: *Er* bzw. *sie* entscheidet, wie etwas möglichst optimal zu lösen ist. Motivation und Freude bei der Arbeit steigen, da die Aktivitäten in hohem Maße selbst bestimmt sind. Gute Leistungen „gehen nicht unter" bzw. werden nicht so schnell vergessen, sondern bleiben – als erreichte und entsprechend dokumentierte Ziele – gegenwärtig.

Damit dies so funktionieren kann, müssen dem Mitarbeiter allerdings die notwendigen Kompetenzen und Ressourcen, die zur Realisierung seiner Arbeit notwendig sind, tatsächlich übertragen werden. Nur dies stärkt sein

Selbstvertrauen. Persönliche Entwicklungsziele werden ernst genommen; die herausfordernden Perspektiven unterstützen sein persönliches Wachstum. Aber auch die Kriterien, nach denen er beurteilt wird, werden einsichtiger; er weiß, was von ihm erwartet wird und „was er zu bringen hat". Er kann somit eine genauere, d. h. realistischere Selbsteinschätzung vornehmen. Der Mitarbeiter erhält regelmäßig (etwa im Rahmen von Jahresgesprächen) Rückmeldungen in Bezug auf seine Stärken und Schwächen auf einer nachvollziehbaren Basis.

3. Der *Nutzen von Zielvereinbarungen für die jeweilige Führungskraft* der Kultureinrichtung besteht zunächst in einer Steigerung der Führungseffizienz, denn längerfristig vereinbarte Ziele schaffen eine höhere Ergebnisorientierung als kurzfristige Einzelanweisungen (unter deren Bedingungen wird nämlich höchstwahrscheinlich nur genau das und nur so viel gemacht, wie angeordnet wurde). Durch die Entlastung von diesen Einzelanweisungen wird Zeit (und vor allem der Kopf) frei für strategische Führungsaufgaben („Tun wir noch das Richtige?", „Wie verändert sich die Umwelt?", „Was tut die Konkurrenz?", „Wie reagieren wir darauf?", „Welche innovativen Ideen haben wir?").
Durch die Einbeziehung der Erfahrung und der Kenntnisse der Mitarbeiter werden Entscheidungen auf einer breiteren Grundlage getroffen. Zielvereinbarungen zwingen die Führungskräfte zur Konzentration auf das Wesentliche und verschaffen einen besseren Überblick über Prioritäten und erfolgsentscheidende Aktivitäten. Über- und Unterbelastungen der Mitarbeiter zeigen sich deutlicher. Durch einige wenige Beurteilungskriterien hinsichtlich des Zielerreichungsgrades wird die Beurteilung der Mitarbeiter leichter und vor allem transparenter.

Insgesamt stehen also dem (keineswegs zu leugnenden und vor allem nicht zu unterschätzenden) *Aufwand* bei der Einführung von Zielvereinbarungen in einer Kultureinrichtung eine ganze Reihe von *Erträgen* und *Nutzen* gegenüber, die den Mitarbeitern der Kultureinrichtung entsprechend zu verdeutlichen sind – etwa in Einzel-, Gruppen- oder Gesamtdiskussionen. Wie oben gesagt: Es gilt, jeden einzelnen Mitarbeiter grundlegend zu informieren, zu überzeugen und vor allem zu gewinnen – und dies möglichst anschaulich und plastisch darzustellen! Nur wenn die Mitarbeiter der Kultureinrichtung „mit dem Herzen" dabei sind, wenn sie also zutiefst überzeugt sind von dem einzuschlagenden Weg, werden sie bereit sein, sich auf dieses System der Gegenseitigkeit einzustellen. Zielvereinbarungen per Verordnung einzuführen, wie dies nicht selten zu beobachten ist, ist nicht nur wenig dialogisch, sondern schlichtweg kontraproduktiv.

6.4 Die Formulierung von Zielen

„Wer nicht weiß, wo er hin will, darf sich nicht wundern, wenn er ganz woanders ankommt." Damit Ziele ihre Funktion als Steuerungselement optimal erfüllen können, müssen sie eine ganze Reihe von Voraussetzungen mitbringen und es muss deutlich werden, was *keine* Ziele sind. Um Ziele sinnvoll formulieren zu können, sollten sich die Mitarbeiter einer Kultureinrichtung fragen: „Woran können wir – z. B. in einem Jahr – ganz konkret erkennen, dass wir Ziel X oder Y wirklich erreicht haben – oder eben auch nicht?" Nur wenn diese konkrete Messbarkeit wirklich gegeben ist, ist ein Ziel eindeutig formuliert. In der Managementliteratur hat sich für die präzise Zielformulierung die SMART-Formel (vgl. Kießling-Sonntag 2002: 58) durchgesetzt:

Die SMART-Formel zur Zielformulierung		
S	Spezifisch	▪ Möglichst genaue Beschreibung des erwünschten Zustandes ▪ Leichte, verständliche Formulierungen
M	Messbar	▪ Angaben von Kriterien, anhand derer sich der Erfolg überprüfen lässt
A	Aktiv beeinflussbar	▪ Ziel muss im Einflussbereich des Mitarbeiters liegen ▪ Keine elementare Abhängigkeit von nicht gestaltbaren, externen Faktoren
R	Relevant	▪ Einzelziel muss auf das Gesamtziel bezogen sein ▪ Herausfordernd, aber nicht überfordernd
T	Terminiert	▪ Ziel muss terminlich fixiert werden, d. h. wann soll es erreicht sein?

Abbildung 4: Die SMART-Formel

Um dieser SMART-Formel zu genügen, sollte man einige Dinge beachten (vgl. Kießling-Sonntag 2002: 60).

- So sollten Ziele niemals *Negativ*-Formulierungen enthalten. (Nicht: „Wir wollen vermeiden, dass die Dramaturgiebesprechungen in unserem Theater immer so lange dauern", sondern: „In Zukunft werden Dramaturgiebesprechungen nicht länger als 60 Minuten dauern"). Zweitens sollten Zielvereinbarungen keine Vergleiche enthalten (Nicht: „Wir wollen mehr Besucher erreichen als das Naturkundemuseum", sondern präzise die Zielmarke der angestrebten Zuschauerzahl benennen, z. B. „25.000 Besucher im Laufe des nächsten Jahres"). Drittens sollten Ziele so formuliert werden, als seien sie schon erreicht (Nicht: „Bis zum Beginn des Winterhalbjahres *sollte* die Mu-

6.4 Formulierung von Zielen

sikschule 800 Schüler haben", sondern „Bis zum Beginn des Winterhalbjahres *hat* die Musikschule 800 Schüler"). Nur durch eine solche Formulierung stellen sich die Gesprächspartner der Zielvereinbarung auf den gewünschten und auch möglichen zukünftigen Erfolg ein, und es lässt sich eine konkrete Aussage machen: Hat die Musikschule so viele Schüler wie geplant – oder eben nicht?

- Ziele sind *keine Maßnahmen*; ein Zielvorschlag wie: „In der Presseabteilung unseres Museums sollte ein neues Ablagesystem entwickelt werden", sagt noch nichts darüber aus, was damit erreicht werden soll. Ein klares Ziel indes wäre es zu fordern: „Innerhalb von 15 Minuten muss jeder Presseartikel, der unsere Museumsarbeit betrifft, aufgefunden werden können" (damit etwa das stundenlange Herumsuchen im Archiv aufhört). Die Forderung nach einem neuen, durchdachten Ablagesystem ist dann eine *Maßnahme*, um dieses Ziel zu erreichen.
- Ziele sind auch *keine Appelle und Wünsche*, wie etwa folgender Zielvorschlag: „In Zukunft sollten die Technik und die Dramaturgie besser zusammenarbeiten, um die Theaterproduktionen effizienter planen zu können". Eine solche Formulierung gibt keine Antwort auf die Frage, wo die ganz konkreten „Knackpunkte" in der Zusammenarbeit liegen, was im Detail geändert werden muss. So wäre z. B. genau zu fixieren: Bis wann genau vor dem Premierentermin sind beispielsweise Bühnenbildpläne, bis wann Kostümentwürfe usw. vorzulegen?

Bei Zielvereinbarungen kann unterschieden werden zwischen *Individual-* und *Team*zielen (vgl. Kunz 2003: 36). Im Rahmen von *Individualzielen* verfolgt jeder einzelne Mitarbeiter der Kultureinrichtung (also ein Lehrer in der Musikschule im Bereich Musikalische Früherziehung) ein ganz spezifisches Einzelziel und die Ergebnisverantwortung hierfür liegt alleine bei ihm. Die Zielvereinbarungen werden in diesem Fall direkt zwischen dem Mitarbeiter und der Leitung der jeweiligen Kultureinrichtung getroffen. Die offenkundigen Vorteile von Individualzielen sind eine direkte Passung zwischen der allgemeinen Zielstruktur und der individuellen Aufgabenstellung, der bilateralen (überprüfbaren) Absprache zwischen Führung und Mitarbeiter. Sie enthalten somit eine klare personale Verantwortlichkeit und einen Abgleich des Anspruchsniveaus der Ziele auf die ganz persönlichen Kompetenzen und das Motivationsverhalten jedes einzelnen Mitarbeiters. Doch die Nachteile von Individualzielen müssen deutlich gesehen werden: Es kann leicht ein verschärftes Konkurrenzverhalten unter den einzelnen Mitarbeitern entstehen, durch das ein übergreifendes Denken und Handeln im Sinne der gesamten Kultureinrichtung gefährdet werden kann („Einzelkämpfer-Syndrom").

Bei der Vereinbarung von *Teamzielen* wird deshalb davon ausgegangen, dass eine Gruppe von Mitarbeitern (z. B. die Beleuchtungsgruppe oder die Öffentlichkeitsabteilung innerhalb eines Theaters, die Aufsicht in einem Museum, die Lehrer der Musikalischen Früherziehung in einer Musikschule, das Thekenpersonal in einer öffentlichen Bibliothek usw.) *gemeinsam* ein spezifisches Ziel bzw. spezifische Ziele verfolgen. In diesem Fall liegt die Ergebnisverantwortung, die in der Zielvereinbarung niedergelegt wird, bei der jeweiligen Gruppe, nicht mehr bei dem Einzelnen alleine.

Die Vorteile der Vereinbarung von Teamzielen liegen in der Förderung des gemeinsamen Teamhandelns (wichtig ist, was das Team *insgesamt* zustande bringt, weniger der isolierte Beitrag eines Einzelnen); die Einbindung eines jeden einzelnen Mitarbeiters in teambezogene Zielvorstellungen; die Chance bzw. die Notwendigkeit gegenseitiger Hilfe und Unterstützung innerhalb des Teams. Aber auch die Nachteile müssen gesehen werden. Möglicherweise bedarf es eines höheren Zeitaufwandes, zu Teamvereinbarungen zu kommen. Vielleicht besteht das Risiko der diffusen Verantwortungszuordnung (wie die ironische Abkürzung *T.e.a.m.* = „*T*oll, ein *a*nderer *m*acht's", das sog. „Faulenzen in der Gruppe", suggeriert). Oder es wird ein dysfunktionaler Gruppendruck gegenüber Einzelnen aufgebaut. Die Führung muss also in jedem Einzelfall entscheiden, ob es sinnvoller ist, mit Teams innerhalb des Kulturbetriebs oder mit einzelnen Mitarbeitern Zielvereinbarungen abzuschließen.

Damit Zielvereinbarungen ihre volle Kraft entfalten können, müssen wiederum einige Voraussetzungen erfüllt werden. Eine wesentliche Grundbedingung ist, dass die Ziele von allen Beteiligten auch wirklich akzeptiert werden und dass sie als wertvoll – auch und gerade im eigenen Interesse – angesehen und akzeptiert werden. Ziele sollen dabei sowohl anspruchsvoll als auch erreichbar sein; die Leistungsfähigkeit der einzelnen Mitarbeiter sollte nicht *über*fordert, aber auf der anderen Seite auch nicht *unter*fordert werden. Die Ziele müssen darüber hinaus ganz spezifisch präzisiert werden, d. h. Inhalt, Ausmaß und vor allem der zeitliche Bezug (bis wann wird die Leistung erwartet?) müssen klar bestimmt sein. Um den eigenen Leistungsstand laufend überprüfen zu können, sollte dem einzelnen Mitarbeiter ein regelmäßiges spezifisches Feedback gegeben werden. Die Zielerreichung muss mit positiven Konsequenzen für den einzelnen Mitarbeiter verbunden sein; bei Nichterreichung muss gemeinsam geprüft werden, wie es dazu kommen konnte (Kießling-Sonntag 2002: 14).

Dem einzelnen Mitarbeiter muss ausreichend Entscheidungskompetenz in seinem Bereich gegeben werden (ansonsten wäre er nur ausführendes Organ). Auch die verschiedenen Kompetenzbereiche müssen klar abgegrenzt werden und damit muss auch geklärt sein, wer für was verantwortlich ist. Besondere Aufmerksamkeit sollte dabei den sog. *Schnittstellen* gelten, d. h. jenen Berührungspunkten, an denen sich die einzelnen Kompetenzbereiche tangieren, ggf. überschneiden. Hier muss klar sein, wer für was zuständig ist, d. h. es darf – bildhaft gesprochen – keine „losen Enden" geben. In der Organisation muss ausreichend Planungs- und Umsetzungskompetenz vorhanden sein, damit die Mitarbeiter nicht heillos überfordert sind. Und es müssen entsprechende Kontrollstandards und -instrumente entwickelt, implementiert und vor allem von allen akzeptiert werden.

6.5 Die Rolle der Führungskraft im Zielvereinbarungsprozess

In diesem Kontext muss die jeweilige *Führungskraft* ihre eigene Rolle sehen und definieren. Ihre wesentlichen Aufgaben bestehen darin, die Mitarbeiter bei der Umsetzung der Ziele möglichst tatkräftig zu unterstützen; sie wo nötig kompetent zu beraten, ohne allerdings den Weg zum jeweiligen Ziel vorzugeben oder gar vorzuschreiben (viel eher im Sinne eines stets hilfsbereiten „Coachens").

Dies bedeutet: Die Führungskraft sollte stets ansprechbar sein (das vielfach ironisierte *Managing-by-Wandering-around* gewinnt hier neue Bedeutung!) und stets ein möglichst präzises und unterstützendes Feedback geben. Das heißt, dass die Führungskraft stets offen und „hellwach" sein muss. Sie muss den vereinbarten Zielen und ihrer Umsetzung einen hohen Stellenwert beimessen und schließlich einen ausreichenden Freiraum gewähren, ohne sich ständig einzumischen oder besser zu wissen (und nicht im Weg stehen). Eine solche Führung begreift sich hauptsächlich als *Coach*, was bedeutet, „sich als sinnstiftender Wegweiser, Lernhelfer und einfühlsamer Prozessbegleiter zu verstehen, um den Mitarbeitern zu helfen, im Team eine möglichst hohe Leistungsfähigkeit zur Erfüllung der externen oder internen Kundenerwartungen zu entwickeln" (Kießling-Sonntag 2002: 18f).

Führungsaufgaben im Rahmen der Zielvereinbarungen in einem Kulturbetrieb (nach Kunz 2003: 32)
Erkennen der Einstellungen, Kompetenzen, Wertesysteme, Interessen, Motivationslagen, aber ggf. auch Probleme, Schwierigkeiten des jeweiligen Mitarbeiters
⇩
Abgleichung der individuellen Ziele und Einstellungen mit den Aufgaben, Zielen und Werten der Kultureinrichtung
⇩
Verdeutlichung gegenüber dem einzelnen Mitarbeiter, in welchem Verhältnis seine persönlichen Einstellungen und Ziele zu den Gesamtzielen der Kultureinrichtung stehen
⇩
Verdeutlichung der Konsequenzen bei einem positiven zielbezogenen Engagement für den Einzelnen und den Kulturbetrieb insgesamt („Die Sehnsucht nach dem weiten Meer" lehren; Saint Exupery)
⇩
Entwicklung individueller Anreizstrategien, um Mitarbeiter möglichst optimal zu motivieren (monetär/nicht-monetär, z. B. freie Zeitgestaltung, Eigenverantwortung, Fortbildung, Aufstiegschancen usw.)
⇩
Absicherung von Transparenz und Gerechtigkeit bei der Anreizgestaltung

Abbildung 5: Aufgaben der Führungskraft im System der Zielvereinbarungen

Es genügt aber nicht, bloß Ziele zu vereinbaren, notwendige Entscheidungen zu treffen, die Mitarbeiter zu coachen und den Umsetzungsprozess angemessen zu kontrollieren. Beim Führen nach Zielvereinbarung kommt es vor allem darauf an, die Stärken und Entwicklungspotenziale der Mitarbeiter frühzeitig zu erkennen und weiter auszubauen. Erst dadurch kann sichergestellt werden, dass ‚die richtigen Mitarbeiter die richtigen Aufgaben' übernehmen und ein hoher Grad an Effektivität innerhalb der Arbeit des jeweiligen Kulturbetriebs erreicht wird. „Führen durch Zielvereinbarung erfordert ein besonderes Interesse gerade an der Menschenführung, also die Bereitschaft und Fähigkeit, sich mit dem Einzelnen und dessen persönlichen Voraussetzungen, Interessen und Motiven auseinander zu setzen" (Kunz 2003: 22).

Ein solchermaßen vereinbarungsorientiertes Führungsmodell konzentriert sich zunächst darauf, einen Auftrag für den Mitarbeiter möglichst klar und präzise hinsichtlich der erwarteten (und zu kontrollierenden) Ergebnisse zu definieren (Was wird von ihm erwartet?). Ein vereinbartes Ziel ist somit die möglichst konkrete Beschreibung eines gewünschten Zustandes zu einem festgelegten künftigen Zeitpunkt. In einem nächsten Schritt soll durch den Austausch von Argumenten, in die das jeweilige Fachwissen und die spezifischen Erfahrungen des Mitarbeiters einfließen, ein zu erreichendes Ergebnis vereinbart werden, mit dem sich beide Seiten identifizieren können. Die so hergestellte Eigenverantwortung, die gewachsene Selbstständigkeit und die Erweiterung der Entscheidungsspielräume für den einzelnen Mitarbeiter stimulieren – wie für den Kulturbetrieb insgesamt – das engagierte Arbeiten zur Erreichung der vereinbarten Ziele (BMI 2001: 7).

6.6 Der Prozess der Zielvereinbarung

Wie sollte nun die einzelne Kultureinrichtung vorgehen, um den Prozess der Zielvereinbarungsgespräche sinnvoll zu strukturieren? Zunächst einmal ist allen Mitarbeitern der Kultureinrichtung je nach Betriebsgröße (am besten in einer *Betriebsversammlung*, also im gesamten Theater, oder in verschiedenen *Abteilungsbesprechungen*, also beispielsweise nur die Mitarbeiter im Technischen Bereich) der Gesamtzusammenhang bzw. der Stellenwert (also die Vision) der später folgenden, individuellen Zielvereinbarungsgespräche zu verdeutlichen. Oberste Priorität haben dabei die nochmalige Verdeutlichung der *Mission* bzw. der stark zukunftsorientierten *Vision* der jeweiligen Kultureinrichtung, die zeitlich vorrangig diskutiert und schließlich festgelegt wurden. Ihr ordnet sich das sonstige Zielsystem (bis hin zu den persönlichen Individual- bzw. Teamzielen) schlüssig unter. Wo dies nicht klar ist, muss es noch einmal verdeutlicht werden.

Um die Mission bzw. die Vision tatsächlich zu verwirklichen, bedarf es eines *Strategischen Leitbildes*. Auf der Basis sorgfältiger Analysen legt dieses *Strategien* fest und weist Wege, wie die (eher abstrakte) Vision und Mission in die Realität umgesetzt werden können. Aus ihm werden dann die *Oberziele* der Kultureinrichtung abgeleitet, möglichst verbunden mit einem zeitlichen Horizont (z. B. im Theater „innerhalb der nächsten fünf Spielzeiten" oder im Museum „innerhalb eines dreijährigen Ausstellungszyklus" usw.) Aus diesen *Oberzielen* können wiederum *Teilziele*, z. B. für einzelne Arbeitsbereiche (wie die Abteilung Öffentlichkeitsarbeit eines Museums) oder Sparten (beispielsweise das Schauspiel in einem Dreispartenhaus) abgeleitet werden. Diese Teilziele werden durch die Tätigkeit der einzelnen Mitarbeiter realisiert, denen diese Teilziele einerseits durch entsprechende Zielvereinbarungen (die „Steinquader"), aber eben andererseits auch „das große Ganze" (die „Kathedrale") vermittelt werden muss.

Nach dem *Schließen der individuellen/Team-Zielvereinbarung*, auf die gleich näher eingegangen wird, und der *Umsetzung* derselben muss zu einem bestimmten, festgelegten Zeitpunkt kontrolliert werden, ob die Ziele tatsächlich erreicht wurden. Die Erreichung bzw. Nichterreichung hat im Sinne eines Feedbacks zwei Adressaten: Zunächst muss das Ergebnis mit dem einzelnen *Mitarbeiter* (ob positiv = Zielerreichung oder negativ = Zielverfehlung) besprochen werden. Je nach Ergebnis muss gemeinsam geklärt werden: Waren er oder sie z. B. überfordert? Ist man von falschen Voraussetzungen ausgegangen? Ist etwas passiert, was so nicht voraussehbar war? Außerdem muss dieses Ergebnis aber auch zurückfließen in das *System der Zielgestaltung insgesamt* und z. B. gefragt werden, woran es – unabhängig von der Leistung des Einzelnen – gelegen haben könnte, dass verschiedene Ziele nicht erreicht wurden: Waren sie vielleicht zu ehrgeizig gesteckt? Gab es Faktoren, die man trotz sorgfältiger Analyse übersehen hat? Sind unvorhergesehene und unvorhersehbare Ereignisse eingetreten (z. B. Erkrankung der Künstler, Naturereignisse, politische Veränderungen)? Hat man das Mitarbeiterpotenzial falsch eingeschätzt? Dementsprechend muss dann das Zielsystem korrigiert werden, um für die Zukunft von realistischeren Daten auszugehen.

Teilziele werden mit den einzelnen Mitarbeitern bzw. mit Teams von Mitarbeitern in individuellen Zielvereinbarungsgesprächen festgelegt. Diese Gespräche machen, es wurde immer wieder darauf hingewiesen, nur dann Sinn, wenn sie wirklich dialogisch entstehen, d. h. gemeinsam und offen mit den Mitarbeitern entwickelt werden. Diese Offenheit bedeutet aber nicht, dass dieser Dialog unstrukturiert geführt werden sollte. Ganz im Gegenteil kommt es auf größte Sorgfalt in der Vorbereitungs- und Durchführungsphase an, denn „das Mitarbeitergespräch zur Zielvereinbarung ist der zentrale Ort, an dem über Erfolg oder Misserfolg von Zielvereinbarungen im Unternehmen entschieden wird" (Kießling-Sonntag 2002: 66; zum folgenden auch: Kießling-Sonntag 2002: 67ff. und Wildenmann 2002: 109ff.). Zielvereinbarungsgespräche sollten deshalb also sowohl strukturiert wie auch trainiert werden.

Von der Führungsperson der Kultureinrichtung wird in dieser Phase eine Menge gefordert. Sie sollte auf jeden Fall *natürlich* und *authentisch* sein und bleiben, d. h. „jede Führungskraft muss ihren eigenen Weg zur Gesprächsführung in schwierigen Mitarbeiterdialogen finden. Dazu gehören allerdings einige Kompetenzen, Grundeinstellungen und Werthaltungen, die eine gute Führungskraft einbringen sollte, z. B.: eine prinzipielle Wertschätzung der einzelnen Mitarbeiter („Es kommt auf *Sie* an!"), Einfühlungsvermögen, Entscheidungsbereitschaft, übergreifendes strategisches Denken, Ergebnisorientierung, Echtheit, Fairness und Wachstumsorientierung (Kunz 2003: 62). Es macht also wenig Sinn, wenn sich eine Führungsperson „verbiegt" und auf einmal „unnatürlich" wird – sie sollte sich ihrer Stärken und Schwächen durchaus sehr bewusst sein und die Schwächen – so weit wie möglich – durch ein entsprechendes Training kompensieren (z. B. lernen, „aktiv zuzuhören", statt sich im Gespräch ablenken

6.6 Prozess der Zielvereinbarung

zu lassen oder demonstrativ mit dem Handy zu spielen). Wenn diese Offenheit und Bereitschaft nicht vorhanden ist, kann das ganze Gespräch nicht glücken und wird zum Pseudodialog. Und Mitarbeiter haben in der Regel ein ausgesprochen gutes Gespür für solche Pseudogespräche!

Um das Gespräch sinnvoll zu führen, sollten die Begrifflichkeiten und Regelungen des vorgegebenen Zielsystems – trotz der bereits erfolgten Gesamtdarstellung auf Kulturbetriebsebene – jedem einzelnen Mitarbeiter noch einmal ganz deutlich gemacht werden: „Darum geht es uns, das wollen wir gemeinsam erreichen!" In diesem Zielvereinbarungsgespräch müssen sowohl die übergreifenden Ziele der Kultureinrichtung verdeutlicht werden („Dort wollen wir in fünf, in zehn Jahren stehen!"), aber auch die individuellen Entwicklungswünsche der Mitarbeiter integriert werden („Wie stellen Sie sich denn ihre eigene Zukunft bei uns vor?", „Wo wollen Sie hin?", „Was wollen Sie persönlich in unserer Einrichtung erreichen?", „Wo sehen Sie ihren Platz in fünf Jahren?").

Zur konkreten Gesprächsvorbereitung sollte sich die entsprechende Führungsperson der Kultureinrichtung fragen, was den Mitarbeiter, mit dem er das nächste Zielvereinbarungsgespräch führen wird, wohl bewegen könnte, was seine möglichen Zielsetzungen sein könnten (um eben darauf vorbereitet zu sein und nicht überrascht zu werden):

- Will der Mitarbeiter bisher erreichte Ergebnisse in einem möglichst positiven Licht darstellen („Warum sollten wir denn etwas verändern, ich leiste doch schon so gute Arbeit")?
- Geht es dem Mitarbeiter vorrangig darum, ein für ihn machbares Arbeitspensum zu vereinbaren („In der Technik arbeiten wir jetzt schon ständig im roten Bereich, bitte jetzt nicht noch mehr Arbeit")?
- Will der Mitarbeiter Transparenz im Hinblick auf Prioritäten („Was ist denn nun eigentlich wichtig?" „Und was ist unwichtig?" „Hier blickt man oftmals nicht mehr durch!")?
- Will er selbst aktiv Einfluss auf die Prioritätensetzung nehmen („Wenn ich dazu mal was vorschlagen dürfte...", „Ich habe die ganze Zeit schon folgende Idee ...")?
- Will er Kompetenzen und Spielräume klären („Zu was bin ich denn nun eigentlich befugt", „Was darf ich denn – und was nicht")?
- Will er den eigenen Beitrag zur Erreichung der Ziele des Kulturbetriebs besser erkennen („Was kann denn ganz konkret mein Beitrag sein, um das Ziel zu erreichen")?
- Will er vor allem persönliche Interessen und Lieblingsprojekte in Form von Zielvereinbarungen verankern („Auf jeden Fall sollten wir sehr viel mehr Ausstellungen mit Zeichnungen der Renaissance durchführen!")?

- Will er zusätzliche Ressourcen und Entwicklungsunterstützung erhalten („Wenn meine Abteilung nur mehr Geld hätte, dann könnten wir für das Museum drei Ausstellungen pro Jahr mehr machen.")?
- Will er persönliche Fortbildungsmöglichkeiten („Hier wird immer so viel über Managementmethoden geredet, aber wenn man ein Fortbildungsseminar beantragt, wird das gleich aus Kostengründen abgelehnt!")?
- Will er ein positives Bild der eigenen Kompetenz vermitteln („Gerade bin ich wieder zu einem internationalen Kongress eingeladen worden ...")?
- Will er Rückmeldung über das eigene Potenzial erhalten („Sie müssen doch zugeben, dass ohne mich und meine persönlichen Verbindungen die Erfolgsausstellung im letzten Jahr niemals zustande gekommen wäre.")?

Es sollte in dieser Phase überhaupt nicht diskutiert werden, welche Interessen und Einstellungen tatsächlich *berechtigt* oder *unberechtigt* sind; hier kommt es darauf an, dass sich die Führungsperson im Vorfeld darüber klar wird, was der Mitarbeiter vorbringen *könnte* – und wie sie selbst dann sinnvollerweise damit umgeht.

Das Zielvereinbarungsgespräch selbst kann grob in sechs Phasen gegliedert werden (Kießling-Sonntag 2002: 74ff und Wildenmann 2002: 109ff.):

1. *Kontaktphase*; nach der Begrüßung sollte eine kurze Aufwärmphase erfolgen, um ins gemeinsame Gespräch zu kommen. Allerdings sollte wegen der hohen Sachorientierung des anschließenden Gesprächs weitgehend auf unverbindlichen Smalltalk (nach dem Motto: „Wie geht es uns denn heute?") verzichtet werden. Denn möglicherweise muss im folgenden Gespräch hart verhandelt werden, so dass sich ein zu privater Einstieg zu Beginn als unpassend herausstellen könnte. Dagegen kann durchaus gefragt werden: „Wie ist es Ihnen denn bei der Erarbeitung Ihrer spezifischen Zielvorschläge gegangen?", „Welche Fragen haben sich ihnen gestellt?").

2. *Klärung der Gesprächsziele und des gemeinsamen Vorgehens*; zunächst sollte noch einmal die Gesamtbedeutung und die Funktion des jetzt individuellen Zielvereinbarungsgesprächs und die in diesem Zusammenhang durchgeführte Betriebs- oder Abteilungsversammlung in Erinnerung gerufen werden („Wie ich ja schon in der unlängst stattgefunden Besprechung mit der Technikabteilung dargelegt habe ..."). Dann sollte ein Zeitrahmen für das Gespräch festgelegt werden und ein Gesprächsablauf vorgeschlagen werden.

3. *Rückschau auf die vergangene Arbeitsperiode*; als Einstieg sollten zunächst einige positive Aspekte des Leistungsverhaltens des Mitarbeiters in der vergangenen Periode hervorgehoben werden („Besonders gut gefallen hat uns ...") Anschließend sollte der Mitarbeiter seine Arbeitsergebnisse selbst be-

6.6 Prozess der Zielvereinbarung

werten („Welche Einschätzung haben Sie denn von dem Erreichten?" „Sind Sie persönlich zufrieden damit?", „Wo sehen Sie ggf. Probleme?") und seinen eigenen Zielerreichungsgrad beurteilen. Leitend ist dabei der Gesichtspunkt: „In welchem Maße wurden die für die vergangene Periode angestrebten Ziele tatsächlich erreicht, sogar übertroffen oder ggf. nicht erreicht?" „Wo gab es Zielabweichungen?" Dieser Selbsteinschätzung des Mitarbeiters stellt die Führungsperson die eigene Bewertung des Zielerreichungsgrades gegenüber. Falls beide Einschätzungen nicht übereinstimmen, müssen sie abgeglichen werden. Dabei sollten die Gründe und Ursachen für eventuell unterschiedliche Bewertungen herausgearbeitet werden („Woran kann es liegen, dass wir beide die Situation so unterschiedlich wahrnehmen?").

4. In einem weiteren Schritt sollte eine Selbst- und Fremdeinschätzung hinsichtlich der *persönlichen* Weiterentwicklung des Mitarbeiters in der vergangenen Periode herausgearbeitet werden, d. h. eine vertiefte Reflexion der individuellen Lern- und Entwicklungsziele durchgeführt werden („Wie schätzen Sie selbst denn ein, ob Sie sich in den zurückliegenden Monaten weiter entwickelt haben?"). Auch hier sollten Gründe und Ursachen für Erfolge wie Misserfolge klar benannt werden. Auch das „Wie" der Zielerreichung sollte besprochen werden, also die Frage des Kooperations- bzw. Konkurrenzverhaltens des Mitarbeiters. Die wichtigsten Ergebnisse dieses Rückblickes (z. B. in Zukunft verstärkt einsetzbare Kompetenzen des Mitarbeiters, Verbesserungsmöglichkeiten der Infrastruktur, stärkere Unterstützung durch Kollegen und Führung, Wunsch nach Fortbildung usw.) sollten im Hinblick auf Folgerungen für die Zukunft festgehalten werden.

5. *Vereinbarungen für die kommende Arbeitsperiode*; die Führungsperson fragt den Mitarbeiter nach eigenen Zielvorschlägen für die nächste Periode und nach seinen Beweggründen für diese Zielvorschläge („Was stellen Sie sich denn als Ziele für die nächsten Monate vor?", „Welche Verbesserungen und Vorteile für unsere Kultureinrichtung sehen Sie darin?"). Dann informiert sie den Mitarbeiter über die geplanten mittel- und längerfristigen Zielsetzungen des Kulturbetriebs („Im nächsten Schuljahr haben wir uns für unsere Musikschule folgende Ziele gedacht.") und aktuelle Entwicklungen, die für die Zielvereinbarung relevant sein könnten (z. B. „Sie haben ja auch gehört, dass bei uns in der Stadt eine private Musikschule eröffnet wurde; darauf müssen wir natürlich reagieren." „Außerdem ist der städtische Zuschuss um 5% gesenkt worden."). Der Mitarbeiter sollte die Möglichkeiten zu Rück- und Verständnisfragen haben.
Dann sollte der Mitarbeiter die mittel- und längerfristigen Entwicklungen skizzieren, die sich aufgrund der Ziele und Rahmendaten für seinen eigen-

Arbeitsbereich ergeben („Für den Bereich der Musikalischen Früherziehungen sehe ich für die nächsten Jahre folgende Entwicklungen ..."). Der Mitarbeiter soll beschreiben, worin er seinen eigenen Beitrag zur Erreichung der Betriebsziele im nächsten Vereinbarungszeitraum sieht. Er stellt die Ziele vor, die er realisieren möchte. Die Führungskraft stellt im Gegenzug ihre Vorstellung vor, die sie vom Beitrag des Mitarbeiters erwartet und benennt die konkreten Ziele, die vom Mitarbeiter erwünscht werden. Die vom Mitarbeiter und der Führungskraft dargelegten Ziele müssen dann diskutiert, angeglichen und nach Muss- und Kann-Zielen priorisiert werden.

Ist eine grundsätzliche Einigung über die Ziele erreicht worden, so sollten in der Reihenfolge der Bedeutung der Ziele Detailabsprachen zu einzelnen Zielen getroffen und dokumentiert werden. Hierbei geht es vor allem um Terminabsprachen, Kompetenzen, Ressourceneinsatz, notwendige Unterstützung und Maßnahmen im Einzelnen. Auch die individuellen Entwicklungsbedürfnisse der einzelnen Mitarbeiter sollten angesprochen und dokumentiert werden: Wo wird beispielsweise dringender Fort- und Weiterbildungsbildungsbedarf gesehen? Dabei sollten Vereinbarungen auch über konkrete Entwicklungsmaßnahmen (z. B. also die Teilnahme an bestimmten Fortbildungsseminaren etwa im Bereich Marketing, Projektmanagement oder Sponsoring usw.) fixiert werden. Nachdem so alle angesprochenen Ziele besprochen sind, sollte in der Rückschau noch einmal geprüft werden, ob der vereinbarte Zielkatalog tatsächlich bewältigt werden kann und ob die besprochenen Aktivitäten zur persönlichen Weiterbildung im Betriebsablauf realistisch sind.

6. *Zusammenfassung der Gesprächsergebnisse*; der Mitarbeiter und die Führungskraft sollten nun gemeinsam prüfen, ob alle wichtigen Punkte und Ziele ordnungsgemäß schriftlich fixiert und somit dokumentiert wurden („Fehlt noch etwas von dem, was wir soeben besprochen haben?", „Gibt es notwendige Ergänzungen?"). Danach sollte perspektivisch („In drei Monaten") ein Termin für ein nächstes Gespräch vereinbart werden, in dem der Zielerreichungsgrad besprochen werden kann. Auf jeden Fall ist für ein *positives Gesprächsende* zu sorgen; die Führungskraft sollte abschließend noch einmal die wichtige Bedeutung des Informationsaustausches („Es war mir wichtig, dass Sie so deutlich Ihre Position dargestellt haben – nun verstehe ich Sie sehr viel besser") und des vereinbarten Gesprächsergebnisses sowohl für den Kulturbetrieb wie für den einzelnen Mitarbeiter würdigen („Ich denke, wir sind gemeinsam auf dem richtigen Weg in die Zukunft") und signalisieren, dass sie jederzeit für Gespräche und Unterstützung bereit ist („Zögern Sie nicht, mich anzusprechen, wenn Sie Hilfe brauchen").

6.6 Prozess der Zielvereinbarung

Das ist der – zugegebenermaßen – *ideale* Gesprächsverlauf, der wahrscheinlich in der Realität nicht so reibungslos wie dargestellt funktionieren wird, weil beide Seiten in aller Regel noch recht wenig Erfahrung mit Zielvereinbarungsgesprächen haben bzw. bislang möglicherweise in einer Organisationskultur sozialisiert wurden, in der dieses Führungs- und Steuerungselement keine Rolle spielte. Deshalb sollte man sich darauf einstellen, was möglicherweise *negativ* passieren könnte in solchen Zielvereinbarungsgesprächen – und vorab Lösungsmöglichkeiten durchdenken, um gewappnet zu sein. Einige Fehler können bereits im Vorfeld vermieden werden.

Zunächst einmal sind Zielvereinbarungsgespräche grundsätzlich *längerfristig zu terminieren*, damit sich beide Seiten gründlich darauf vorbereiten können. Sehr sinnvoll ist es, dem Mitarbeiter vorab einige Leitfragen an die Hand zu geben, mit deren Hilfe er sich vorbereiten kann. Das versachlicht von vornherein das Gespräch und nimmt die vielleicht bei manchen Mitarbeitern der Kultureinrichtung vorhandene Angst, mit Unvorhergesehenem konfrontiert zu werden.

Solche Fragen können z. B. sein:
- Welche Zielvereinbarungen bzw. Absprachen wurden mit Ihnen für die vergangene Arbeitsperiode getroffen?
- In welchem Maße konnten Sie die vereinbarten Ziele erreichen, übertreffen oder ggf. nicht erreichen?
- Was ist Ihnen besonders gut gelungen? Woran messen Sie diese Einschätzung?
- Was ist Ihnen Ihrer Meinung nach nicht so gut gelungen?
- Wo sehen Sie die wesentlichen Ursachen für das Erreichen, Übertreffen oder Nicht-Erreichen der Ziele?
- Welche Stärken und besonderen Eignungen haben Sie an sich wahrgenommen?
- Wo sehen Sie selbst noch Verbesserungsbedarf?
- Konnten Sie die Ziele in konstruktiver und kollegialer Abstimmung mit den anderen Kollegen erreichen oder hat es irgendwo „geklemmt"?
- Wie könnte man dies Ihrer Meinung nach verbessern?
- Mit welchen Aktivitäten und Aufgaben haben Sie im vergangenen Jahr die meiste Zeit verbracht?
- Stehen diese Aktivitäten im Zusammenhang mit den Zielen oder hat Sie das eher abgelenkt?
- Wie könnte man das verbessern? Was muss sich betrieblich verändern?
- Welche Rahmenbedingungen haben die Erreichung der Ziele günstig oder eher ungünstig beeinflusst? Lässt sich daran was ändern?
- Waren die Zuständigkeiten und Verantwortlichkeiten klar geregelt?

- Wo sehen Sie die mittel- und längerfristigen Entwicklungsschwerpunkte Ihres Arbeitsbereiches?
- Welche Ziele möchten Sie im kommenden Vereinbarungszeitraum erreichen? (pro Ziel festhalten, was konkret erreicht werden soll und woran gemessen werden kann, dass das Ziel tatsächlich erreicht wurde).
- Wie würden Sie diese Ziele gewichten?
- Können sie die genannten Ziele mit Ihren bisherigen Fähigkeiten erreichen oder besteht Fort- und Weiterbildungsbedarf (und zwar wo genau)?
- Haben Sie selbst schon solche Fortbildungsangebote eruiert, zu denen Sie gehen möchten?
- Welche Voraussetzungen müssen gegeben sein, damit Sie diese Ziele erreichen können (Ressourcen, Arbeitsmittel, personelle Unterstützung, Zeit usw.)?
- Halten Sie die organisatorischen Abläufe für sinnvoll oder sollte hier etwas geändert werden (das Wie und Warum begründen)?

Durch eine solche Vorbereitung wird dem einzelnen Mitarbeiter deutlich gemacht, dass seine Kenntnisse und Fertigkeiten wirklich gebraucht werden. Er kann sich vorbereiten und braucht keine Angst zu haben, im Gespräch quasi „überfahren" zu werden. Zweitens ist genug Zeit für das Gespräch einzuplanen (ca. zwei Stunden) und jede Störung (etwa durch durchgestellte Telefonanrufe oder „wichtige Nachfragen" der Sekretärin etc.) zu vermeiden. Drittens sollte sich die Führungskraft über sog. gesprächsfördernde und gesprächshemmende Faktoren (Kießling-Sonntag 2002: 81) im Klaren sein und diese beachten.

6.7 Schwierige Mitarbeitergespräche

Immer wieder kann es trotz aller guten Vorbereitung zu schwierigen Mitarbeitergesprächen kommen. Auch hier muss man sich wieder immer vor Augen halten, dass zu einem Dialog *zwei* gehören. Es kann nicht sein, dass nur ein Gesprächspartner lösungsorientiert, der andere dagegen verweigernd ist. Grundregel sollte deshalb sein, dass nicht nur das Gespräch selbst, sondern auch die Konfliktlösung in einem „partnerschaftlichen und vertrauensvollen Dialog" (Kunz 2003: 169) angestrebt wird; d. h. es ist nicht die alleinige Aufgabe der Führungskraft, ein stockendes oder vielleicht sogar ungut verlaufendes Gespräch wieder in Gang zu bekommen: Dies ist vielmehr eine konstruktive Aufgabe für beide Gesprächsteilnehmer! Etwaige Vorbehalte bzw. sogar Widerstände auf Seiten der Mitarbeiter sind von der Führungskraft allerdings auf jeden Fall sehr ernst zu nehmen und mögliche Konfliktpotenziale klar zu erkennen.

6.7 Schwierige Mitarbeitergespräche

Gesprächsfördernde und gesprächshemmende Faktoren	
gesprächshemmend	*gesprächsfördernd*
Monologisieren (Die Führungskraft redet ununterbrochen bzw. lässt sich auch nicht unterbrechen.)	auf ausgewogene Gesprächsanteile achten (Was meinen Sie dazu? Wie sehen Sie das?)
belehren und dozieren	aktiv zuhören
ungefragt Ratschläge geben	ausreden lassen
überreden	Denkanstöße geben
ironisieren	sich interessieren
Gesprächspartner unterbrechen	Nachfragen, ohne zu „verhören"
schwierige Sachverhalte bagatellisieren	Blickkontakt halten
Ausfragen des Gesprächspartners	Wertschätzung zeigen
auf alten Geschichten herumreiten	Anerkennung ausdrücken
drohen	lösungs- und zukunftsorientiert kommunizieren
befehlen	schwierige Sachverhalte auf den Punkt bringen
Gesprächspartner abwerten	Gesprächspartner respektivieren
Stimmungen und Emotionen ignorieren	Stimmungen und nonverbale Signale beachten

Abbildung 6: Gesprächsfördernde und gesprächshemmende Faktoren

Allerdings sind sich viele Menschen häufig nicht bewusst, welche Faktoren ein Gespräch fördern bzw. hemmen können. Deshalb stellt die obige Übersicht zunächst ganz allgemein gesprächs*hemmende* bzw. gesprächs*fördernde* Faktoren dar.

Einige Beispiele für Probleme bei Gesprächen und mögliche Lösungen seien hier näher skizziert (vgl. hierzu Wildenmann 2002: 112ff; ausführlich dazu auch Rischar 1991).

- *Das Gesprächsklima wird schlechter und die Situation droht zu eskalieren;* in einer solchen Situation sollte die Führungskraft bei der möglichst positiven Konfliktlösung auf jeden Fall den Mitarbeiter mit einbeziehen durch Sätze wie folgende: „Ich finde, dass wir zunehmend in eine schlechtere Stimmung geraten, wie geht es denn Ihnen damit?"; „Angenommen, wir diskutieren so weiter wie jetzt, was glauben Sie, wie das enden wird?"; „Haben Sie Vorschläge, wie wir aus dieser Situation herauskommen?" In jedem Fall ist der Mitarbeiter aufgefordert, seinen Teil beizutragen, um wieder zu einer konstruktiven Gesprächsatmosphäre zu kommen.

- *Der Mitarbeiter akzeptiert ein Ziel nicht, das für die Führungskraft unverzichtbar ist.* So kann es z. B. eine Vorgabe des Trägers sein, dass das Museum eine höhere Besucherorientierung anstrebt, weil es sonst geschlossen wird. Oder eine Musikschule muss einen höheren Kostendeckungsgrad anstreben, weil sonst ebenfalls die Schließung bevorsteht. Der einzelne Kurator im Museum hält aber nichts von diesem Ziel der größeren Besucherorientierung und ist nur an seinen wissenschaftlichen Forschungen interessiert. Oder der einzelne Musikschullehrer ist vielleicht der Meinung, Kulturfinanzierung sei sowieso Sache des Staates und nicht Aufgabe der Musikschule. Hier ist in erster Linie *Klarheit* und *Eindeutigkeit* von der Führungsperson gefordert, die Verantwortung für das Ganze trägt. Jedwede unpassende Solidarisierung (etwa nach dem Motto: „Ich finde das ja auch nicht gut, was der Träger von uns verlangt.") sollte daher unbedingt vermieden werden. Vielmehr muss die Führungsperson klar Stellung beziehen: „Ich möchte von diesem Ziel nicht abgehen, weil es im Gesamtzusammenhang unserer Kultureinrichtung unabdingbar ist. Unser Träger besteht auf der Erreichung dieses Zieles und hat mich beauftragt, dieses umzusetzen. Ich respektiere Ihre Meinung dazu, bitte Sie aber dennoch, das Ziel zu akzeptieren, denn sonst ist u. U. unser Bestand gefährdet. Das kann doch auch nicht ihr Wunsch sein! Lassen Sie uns im nächsten Jahr noch einmal über die Erreichbarkeit und Notwendigkeit aufgrund unserer dann gemachten Erfahrungen dieses Ziel diskutieren."

- *Es gibt Unterschiede hinsichtlich der Wichtigkeit eines Ziels.* So kann der Museumskurator den Zielwert „Besucherorientierung" in Frage stellen mit dem Argument: „Davon ist in der ICOM-Satzung für Museen aber nicht die Rede. Da geht es nur um Sammeln, Bewahren, Forschen und Präsentieren". Auch hier ist in erster Linie Überzeugungsarbeit gefordert, etwa durch das Aufzeigen der Notwendigkeit an einem Beispiel: „Ich möchte Ihnen an einem Beispiel aufzeigen, warum ich diesen Punkt für so besonders wichtig halte. Wie schätzen Sie das ein?"

- *Es ist unsicher, wie der Mitarbeiter mit dem Gesprächsergebnis umgeht oder was aufgrund des Gespräches passieren wird*; auch hier ist von Seiten der Führungskraft für Klarheit zu sorgen: „Wie geht es Ihnen denn nun nach dem Gespräch?", „Was folgern Sie aus unserem Gespräch?", „Welche Wirkung hat dieses Gespräch auf Sie gehabt?", „Wie werden Sie jetzt damit umgehen?" So wäre z. B. festzustellen, ob der Museumskurator oder der Musikschullehrer wirklich überzeugt sind oder ob sie nur klein beigeben, um in Zukunft weiter wie bisher arbeiten zu können.

6.7 Schwierige Mitarbeitergespräche

- Die Stimmung am Ende des Gesprächs ist gedrückt und die Führungskraft hat das Gefühl, dass der Mitarbeiter enttäuscht oder frustriert ist; auch hier ist dringender Klärungsbedarf: „Welchen Eindruck haben Sie von dem Gespräch?"; „Fühlen Sie sich von mir überfahren?"; „Wenn Sie jetzt einen Wunsch frei hätten ...?"

Zielvereinbarungsgespräche sind selbstverständlich keine einmalige Angelegenheit, sondern sie müssen – wenn sie als effizientes Führungsinstrument genutzt werden sollen – in regelmäßigen Abständen, entweder als sog. *Meilensteingespräche* bzw. als *Jahresgespräche* mit den Mitarbeitern geführt werden. „Meilensteine" sind für einen Kulturbetrieb wichtige, vorab definierte zeitliche Punkte, an denen im Rahmen eines Projektes oder eines Betriebsablaufes der Abschluss einer Einzelaktivität überprüft wird. Ziel ist die Sicherstellung der im Ablaufplan festgelegten Termin-, Kosten- und Qualitätsanforderungen (Gabler-Wirtschaftslexikon 1993: 2247). Solche Meilensteine können etwa eine besondere Premiere im Theater, die Eröffnung einer großen Sonderausstellung, der Halbjahresschluss in einer Musikschule usw. sein.

Gerade zu solchen Meilensteinen empfehlen sich Mitarbeitergespräche, um den Grad der Zielerreichung zu überprüfen. Inhalt solcher Meilensteingespräche (Kießling-Sonntag 2002: 78) können beispielsweise sein:

- die Besprechung aktueller Entwicklungen, die Einfluss auf die Zielerreichung haben (z. B. Verzögerungen in den Werkstätten, der Rückzug von wichtigen Leihgebern, ein unerwarteter Musikschülerrückgang usw.);
- die Reflexion des aktuellen Standes der Zielerreichung und Feedback („Haben wir bisher erreicht, was wir uns vorgenommen haben?", „Wie sind die Kritiken der Aufführungen in der letzten Spielzeit?");
- möglicherweise notwendige Korrekturen („Müssen wir den Ausstellungsbeginn verlegen?" „Haben wir unsere Terminplanungen zu eng gesetzt?", „Was tun wir, um wieder mehr Schüler zu erreichen?");
- Besprechung des aktuellen Standes hinsichtlich der besprochenen Entwicklungsmaßnahmen („Genügt das, was wir geplant haben?" „Sind zusätzliche Maßnahmen nötig?").

Die regelmäßig durchzuführenden *Jahresgespräche* befassen sich dagegen weniger mit relevanten Ereignissen des Produktionsablaufes innerhalb des Kulturbetriebs, sondern sie reflektieren zum einen den Grad der individuellen wie gemeinsamen Zielerreichung und geben zum andern dem einzelnen Mitarbeiter ein Feedback seiner individuellen Leistung.

Jahresgespräche

- dienen somit in der erster Linie zunächst der Erfassung des persönlichen, individuellen Leistungsbeitrages eines jeden einzelnen Mitarbeiters der Kultureinrichtung;
- sie bilden die Grundlage für die zukunftsorientierte Planung der nächsten Periode (etwa der Spielzeit des Theaters, des Musikschuljahres, der nächsten Ausstellungsperiode usw.) und damit verbunden der Festlegung der individuellen Ziele und der Beiträge der einzelnen Mitarbeiter der Kultureinrichtung;
- sie öffnen die Chance für einen Meinungsaustausch und ein gegenseitiges Feedback zur Qualität der Zusammenarbeit und zum Erkennen und Beseitigen von Schwachstellen;
- bieten der Führungskraft die gute Gelegenheit, für die gemeinsamen Ziele des Kulturbetriebs zu werben, d. h. die Vision plastisch darzustellen;
- die Motivationshaltung des Mitarbeiters zu erkennen und einzuschätzen und diesen besser zu verstehen;
- und sie ermöglichen die Planung der weiteren Qualifizierung und Personalentwicklung der Mitarbeiter für die Zukunft, d. h. sie klären den entsprechenden Fortbildungsbedarf (vgl. Kunz 2003: 169).

Das Mitarbeiterjahresgespräch stellt als wichtiges Instrument des offiziellen Gedanken- und Erfahrungsaustausches über alle Aspekte der Arbeit und Zusammenarbeit die hauptsächlichen Weichen für ein zielorientiertes und strategiefokussiertes Handeln innerhalb des einzelnen Kulturbetriebs (vgl. Oppermann-Weber 2002: 54). Dieses Gespräch ist die Basis für die Schaffung von Perspektiven und das Erreichen gemeinsamer Ziele. Es dient den einzelnen Mitarbeitern als wichtige Orientierung, und zwar sowohl hinsichtlich ihres eigenen Leistungsvermögens wie auch der Kultureinrichtung insgesamt. Es handelt sich dabei allerdings weniger um eine Beurteilung der individuellen Arbeitsleistung (dies natürlich *auch*), als vielmehr um die immer wieder notwendige Einschwörung auf die große Vision der Kultureinrichtung: „Dort wollen wir gemeinsam hinkommen!"

7 Konfliktmanagement

Trotz größter Bemühungen aller Beteiligten, gemeinsam an der Realisierung einer Vision in einer Kultureinrichtung zu arbeiten, kann es immer wieder geschehen, dass massive Konflikte aufbrechen. Wichtig ist dabei zunächst das richtige Verständnis von „Konflikten": Konflikte sind ein wichtiger Bestandteil des Lebens und nichts, dass es um jeden Preis zu vermeiden gilt. Gerade eine lebendige, zukunftsorientierte Kultureinrichtung lebt von der Auseinandersetzung, der Kritik und dem Konflikt, weil in ihr die verschiedensten Individuen mit den unterschiedlichsten Voraussetzungen, Vorstellung und Interessen zusammen kommen. Sie begreift Konflikte als Chance, sich weiter zu entwickeln.

7.1 Konfliktarten und -merkmale

Konflikte gibt es allerdings nicht nur in der Gruppe, sondern Konflikte gibt es bereits in jedem Einzelnen, die sog. *inneren* Konflikte. Innere Konflikte können entstehen, wenn es

- die Entscheidung zwischen *zwei positiven* Möglichkeiten gibt (z. B. zwei gleich gute Stellenangebote in zwei verschiedenen Theatern);
- die Entscheidung zwischen *zwei negativen* Gegebenheiten (z. B. die Stelle im Museum kündigen, mit der Gefahr arbeitslos zu werden oder zu bleiben und unter unangenehmsten Bedingungen weiter zu arbeiten);
- die Entscheidung zwischen zwei Alternativen, die jede für sich *sowohl positive wie negative Aspekte* hat (z. B. eine neue Stelle als Musikschulleiter antreten und weniger Freizeit, dafür aber mehr Gestaltungsspielraum zu haben oder auf der Stelle als Musiklehrer bleiben, dafür weniger verdienen und mehr Privatstunden zu geben).

Solche inneren Konflikte bringen Individuen in

- eine belastende und angespannte Gefühlslage gegenüber der Situation,
- lösen Verunsicherung und Ungewissheit aus,
- führen zum Ausmalen der unterschiedlichen möglichen Handlungsverläufe („Was geschähe wenn ...")

- und erzeugen einen Druck, die Störung zu überwinden (Hugo-Becker/Becker 1996: 88).

Treffen nun in einer Kultureinrichtung mehrere Individuen aufeinander, so kann und wird es immer wieder zu Gruppenkonflikten kommen. Die Konfliktursachen können dabei vielfältig sein; empirische Untersuchungen von Konflikten (Hugo-Becker/Becker 1996: 96) haben folgende besonders häufig auftretenden, typischen Konfliktursachen ermittelt:

- *unzureichende Kommunikation* (z. B. kommunizieren die einzelnen Abteilungen in einem Theater viel zu wenig: die künstlerischen Abteilungen sprechen kaum mit den Mitarbeitern der Technik, die Mitarbeiter der Verwaltung werden stets zu spät über Entscheidungen unterrichtet usw.);
- *gegenseitige Abhängigkeit* (z. B. so kann das Künstlerische Betriebsbüro in einem Theater keine vernünftigen Probenpläne aufstellen, weil die Technik nicht weiß, was das Regieteam wann entscheidet);
- *das Gefühl, ungerecht behandelt zu werden* (so bekommen die Mitarbeiter der Abteilung Presse- und Öffentlichkeitsarbeit allen Zorn des Intendanten zu spüren, wenn es wieder einmal schlechte Kritiken hagelt);
- *Ambiguität (Doppelsinnigkeit) hinsichtlich der Verantwortung* (im Museum ist unklar, wer für die Pressearbeit einer Sonderausstellung zuständig ist: die Museumsleiterin, der Kurator der Sonderausstellung oder die Abteilung für Presse- und Öffentlichkeitsarbeit);
- *wenig Gebrauch von Kritik* (wenn etwa inhaltlich fundierte Kritik am Konzept einer Ausstellung geübt wird, reagiert der zuständige Kurator sofort persönlich eingeschnappt);
- *Misstrauen* (dem, was ein Mitarbeiter sagt, wird stets von vornherein misstrauisch gegenübergetreten: Meint er es wirklich so, wie er es sagt oder gibt es da irgendwelche Hintergedanken?);
- *unvereinbare Persönlichkeiten und Einstellungen* (ein Theaterintendant gibt sich nach außen hin ausgesprochen leger und offen; tatsächlich hat er aber einen ausgesprochen autoritären Charakter und kontrolliert alle Mitarbeiter im Detail);
- *Kämpfe um Macht und Einfluss* (die Kuratoren der einzelnen Abteilungen eines Museums versuchen, sich bei der Museumsdirektion beliebt zu machen, um so ihre Interessen gegenüber den anderen besser durchsetzen zu können);
- *Groll, Ärger, Empfindlichkeit* (es herrscht in einer Kultureinrichtung prinzipiell ein gestörtes Betriebsklima, wo einer dem anderen nicht über den Weg traut und jederzeit bereit ist, den Kolleginnen und Kollegen etwas Schlechtes zu unterstellen);

7.1 Konfliktarten und -merkmale

- *Gruppenmitgliedschaften* (innerhalb eines Theaters begreifen sich die Abteilungen nicht als wichtiger Teil eines Ganzen, sondern jede Abteilung hat nur sich im Blick. Dies hat der Theaterkritiker Peter Iden beispielhaft anlässlich der seinerzeitigen Schließung des Berliner Schiller-Theaters beschrieben: „Als kürzlich auf der Bühne des totgesagten Schiller-Theaters eine Nacht lang gegen das Ende demonstriert wurde, konnte man Schauspieler und Regisseure in seltener Gemeinschaft mit Angestellten der Verwaltung und Bühnentechnikern erleben. Für einmal schienen die sonst nur sehr dürftig miteinander verbundenen Gruppen eines Theaters wirklich geeint: durch die Sorge um ihre Arbeitsplätze. Dass nur eines – nämlich die Vorstellung am Abend – Verwaltung, Technik und künstlerisches Ensemble, also alle, und alles am Theater rechtfertigt, ging weitgehend vergessen" (Iden 1993).
- *Auseinandersetzungen über Zuständigkeiten* (innerhalb eines Kulturamtes ist unklar, welche Abteilung für welche Aufgaben tatsächlich zuständig ist; fällt z. B. die Förderung der freien Theaterarbeit in das Theaterressort oder in die Abteilung für Soziokultur);
- *Unklare Belohnungssysteme* (nach der Eröffnung einer großen Sonderausstellung erhalten die beteiligten Kuratoren eine Woche Sonderurlaub; die technischen Abteilungen, die bis spät in die Nacht hinein gearbeitet haben, müssen dies als Überstunden abfeiern);
- *Gesichtsverlust* (der Intendant eines Theaters kritisiert seinen Dramaturgen öffentlich bei einer Pressekonkurrenz dafür, dass er ein viel zu aufwändiges Programmheft produziert habe);
- *Wettbewerb um knappe Ressourcen* (die einzelnen Abteilungen innerhalb einer Musikschule kooperieren nicht, sondern jede versucht ihre eigenen Interessen, etwa hinsichtlich der Räume oder personellen und finanziellen Ressourcen egoistisch gegenüber den anderen durchzusetzen).

Alle die geschilderten Konfliktarten kommen tagtäglich in Kultureinrichtungen vor und sind nichts Unnatürliches, sondern dort, wo Menschen auf Menschen treffen, in sozialen Systemen also, durchaus üblich. Solche Konflikte haben allerdings teilweise gravierende Auswirkungen (Deutsch 1976, zit. nach Hugo-Becker/Becker 1996: 60) auf die (1) Wahrnehmung, die (2) Einstellungen, den (3) Aufgabenbezug und auch die (4) Kommunikation innerhalb einer Kultureinrichtung. Im Einzelnen stellt sich das dann so dar:

1. *Wahrnehmung*
   - Es treten mehr oder weniger deutliche Unterschiede und Differenzen hinsichtlich der Interessen, Meinungen und Wertüberzeugen hervor.
   - Das Trennende wird deutlicher gesehen als das Verbindende.

- Versöhnliche Gesten des Anderen werden als Täuschungsmanöver interpretiert, seine Absichten als feindselig und bösartig beurteilt, er selbst und sein Verhalten einseitig und verzerrt wahrgenommen.

2. *Einstellung*
- Das Vertrauen nimmt ab und das Misstrauen zu.
- Verdeckte und offene Feindseligkeiten entwickeln sich.
- Die Bereitschaft nimmt ab, dem anderen mit Rat und Tat zur Seite zu stehen.
- Die Bereitschaft nimmt zu, den anderen auszunutzen, bloßzustellen, herabzusetzen.

3. *Aufgabenbezug*
- Die Aufgabe wird nicht mehr als gemeinsame Anforderung wahrgenommen, die am zweckmäßigsten durch Arbeitsteilung bewältigt wird, bei der jeder nach seinen Kräften und Fähigkeiten zum gemeinsamen Ziel beiträgt.
- Jeder versucht alles alleine zu machen; man braucht sich auf den anderen nicht zu verlassen, ist von ihm nicht abhängig und entgeht damit der Gefahr, ausgenutzt und ausgebeutet zu werden.

4. *Kommunikation*
- Ist nicht offen und aufrichtig.
- Information ist unzureichend oder bewusst irreführend.
- Geheimniskrämerei und Unaufrichtigkeit nimmt zu.
- Drohungen und Druck treten an die Stelle von offener Diskussion und Überzeugung.

Konflikte in einer Kultureinrichtung können dabei in verschiedenen Konstellationen entstehen (Hugo-Becker/Becker 1996: 92), als Konflikte zwischen einzelnen *Individuen* (also beispielsweise zwischen zwei Lehrern einer Musikschule oder dem Leiter der Musikschule und einem Lehrer) oder als Konflikte *innerhalb einer Gruppe* (etwa innerhalb eines Dramaturgenteams im Theater) oder *zwischen einer Gruppe und einem Individuum* (beispielsweise zwischen dem Direktor eines Museums und seinen Kuratoren). Auch hier sind die Merkmale unübersehbar.

Schwelt ein Konflikt innerhalb einer Gruppe oder zwischen einer Gruppe und einem Individuum, so

- sind die Mitglieder ungeduldig miteinander,
- werden Ideen angegriffen, noch bevor sie ganz ausgesprochen sind,
- nehmen Mitglieder Partei und weigern sich, nachzugeben,
- können Mitglieder sich nicht über Pläne und Vorschläge einigen,

7.1 Konfliktarten und -merkmale

- werden Argumente mit großer Heftigkeit vorgetragen,
- greifen Mitglieder sich gegenseitig auf subtile Weise persönlich an,
- sprechen Mitglieder abfällig über die Gruppe und ihre Fähigkeiten,
- widersprechen Mitglieder den Vorschlägen der Leitung,
- klagen Mitglieder sich gegenseitig an, dass sie die „eigentlichen" Probleme nicht verstehen,
- verdrehen die Mitglieder die Beiträge von anderen,
- bilden sich Cliquen innerhalb der Gruppe.

Wenn ein Konflikt zwischen einzelnen Individuen schwelt

- gehen Beteiligte ungeduldig miteinander um,
- fallen Beteiligte sich gegenseitig ins Wort,
- beharren Beteiligte auf ihrem Standpunkt,
- können Beteiligte die Vorschläge des anderen nicht akzeptieren,
- sprechen Beteiligte mit aggressivem Unterton,
- machen Beteiligte ironische Bemerkungen übereinander,
- sprechen Beteiligte bei Außenstehenden abfällig über den anderen,
- beklagen Beteiligte sich darüber, dass sie den anderen nicht verstehen,
- verdrehen Beteiligte die Beiträge des anderen,
- suchen Beteiligte sich Verbündete.

Dabei muss deutlich gesehen werden, dass in aller Regel selten die sog. „objektiven Gesichtspunkte" allein imstande sind, Konflikte auszulösen. Vielmehr ist es – erinnert sei an die systemische Sicht der Organisation – in den allermeisten Fällen jene Gemengelage zwischen tatsächlich objektiven Gesichtspunkten plus einer Vielzahl hinzutretender Eigenschaften, die den brisanten Konfliktstoff ergeben. Jede „Sache" ist „jemandes Sache" und dieser Jemand hängt sehr oft mit allen seinen Fasern an seiner Sache (wie es Andre Heller einmal so unvergleichbar wienerisch-sarkastisch formulierte: „Warum denn sachlich bleiben, wenn's auch persönlich geht?"). Wenn es also vorgeblich nur „um die Sache" geht, geht es jeweils auch um die Person, die mit dieser Sache verbunden ist. Hinzu kommt, dass Konflikte sehr häufig ihre Geschichte haben, d. h. unter Umständen haben sich zwischen den beteiligten Konfliktpersonen schon in der Vergangenheit Animositäten aufgebaut, die jetzt nur noch nach einem sachlichen „Grund" suchen, um sich entladen zu können. Gerade unter dem Gesichtspunkt dieser „Entladung" haben Konflikte aber auch ihre positive Funktion insofern, als sie sichtbar (und damit bearbeitbar) machen, was bislang in der Kultureinrichtung im Verdeckten vor sich hinschwelte.

So gesehen sind Konflikte – wenn entsprechend mit ihnen umgegangen wird – durchaus produktiv. Denn Konflikte sind zum Fortbestehen sozialer Systeme (und ein Kulturbetrieb ist ein soziales System!) unentbehrlich, weil sie

- der Organisation die Verarbeitung der hochkomplexen und in sich widerspruchsvollen Umwelt sichern;
- das Erkennen, Verarbeiten und somit Ableiten von Aggressionen und damit den Verbleib von Mitgliedern in der Organisation ermöglichen;
- die notwendige Flexibilität und Wandlungsfähigkeit in der Organisation verstärken;
- den einzelnen Subsystemen (etwa Abteilungen in Theatern oder Museen) die funktionsnotwendige Autonomie ermöglichen.

Insgesamt tragen Konflikte also dazu bei, dass die Organisation wiederum lernt – z. B. mit ihnen in einer produktiven Weise umzugehen.

7.2 Zum Umgang mit Konflikten

Auch hier wird zur Lösung eine systemische Sicht der Probleme favorisiert. Das heißt: „*Einzelne* (Personen, Probleme) sind nicht Ursache, sondern nur *Symptomträger*; an ihnen zeigen sich die *systemtypischen allgemeinen* und *grundsätzlichen* Spannungen, Muster, Strukturen etc. Aus einer solchen Sicht bedeutet es eine Fehlleitung von Ressourcen, sich *unmittelbar* um die Veränderung von MitarbeiterInnen zu bemühen. Sinnvoller ist es, handlungsgenerierende und -lenkende mentale „Landkarten", Verfahren, Praktiken, Systeme etc. zu modifizieren" (Neuberger 2002: 618, Hervorhebung A.K.).

Aus dieser Sicht geht es also nicht darum, dass *der* „Führende", *der* „Macher" ein Problem löst, das er möglicherweise mit einem Mitarbeiter oder die Mitarbeiter untereinander zu haben glauben, sondern dass vielmehr alle an dem Problem Beteiligten dieses Problem, diesen Konfliktfall als solchen erkennen und gemeinsam zu seiner Lösung beitragen. Dies ist die unabdingbare Voraussetzung dafür, dass alle Beteiligten aus dem Konflikt lernen und dieses Lernen möglichst produktiv in das organisationale Lernen integriert wird (z. B. als ein erfolgreiches Muster für den zukünftigen Umgang mit Konflikten).

Dazu ist zunächst einmal ein ganzheitliches Verstehen von Konflikten und komplexen Situationen notwendig. Peter Gomez und Gilbert Probst (Gomez/Probst 1996) verweisen auf Denkfehler im Umgang mit komplexen Situationen und schlagen im Gegensatz dazu ein ganzheitliches Problemlösen vor.

Denkfehler im Umgang mit komplexen Situationen	Schritte ganzheitlichen Problemlösens
(1) Probleme sind objektiv gegeben und müssen nur noch klar formuliert werden.	Die Situation ist aus verschiedenen Blickwinkeln zu definieren, und es ist eine Integration zu einer ganzheitlichen Abgrenzung des Problems zu suchen.
(2) Jedes Problem ist die direkte Konsequenz einer Ursache.	Zwischen den einzelnen Elementen einer Problemsituation sind die Beziehungen zu erfassen und in ihrer Wirkung zu analysieren.
(3) Um eine Situation zu verstehen, genügt eine ‚Photographie' des Ist-Zustandes.	Die zeitlichen Aspekte der einzelnen Beziehungen und einer Situation als Ganzem sind zu ermitteln. Gleichzeitig ist die Bedeutung der Beziehungen im Netzwerk zu erfassen.
(4) Verhalten ist prognostizierbar, notwendig ist nur eine ausreichende Informationsbasis.	Künftige Entwicklungspfade sind zu erarbeiten und in ihren Möglichkeiten zu simulieren.
(5) Problemsituationen lassen sich ‚beherrschen', es ist lediglich eine Frage des Aufwandes.	Die lenkbaren, nicht lenkbaren und zu überwachsenden Aspekte einer Situation sind in einem Lenkungsmodell abzubilden.
(6) Ein ‚Macher' kann jede Problemlösung in der Praxis umsetzen.	Entsprechend systemischer Regeln sind die Lenkungseingriffe so zu bestimmen, dass situationsgerecht und mit optimalem Wirkungsgrad eingegriffen werden kann.
(7) Mit der Einführung einer Lösung kann das Problem endgültig ad acta gelegt werden.	Veränderungen in einer Situation sind in Form lernfähiger Lösungen vorwegzunehmen

Abbildung 7: Ganzheitliches Problemlösen

7.3 Kann nicht, darf nicht, will nicht

Geht man von der eingangs zitierten Maxime Peter Druckers aus („Bewältigt eine Person, die ich mit einer Tätigkeit betraut habe, ihre Aufgaben nicht, so habe *ich* einen Fehler gemacht. Ich habe kein Recht, dieser Person Vorwürfe zu machen oder mich zu beschweren. Der Fehler liegt bei mir" (Drucker 2005: 159)), so ist es sicherlich hilfreich, eine Analyse des tatsächlich zu beobachtenden Verhaltens der Mitarbeiter unter folgenden drei Aspekten vorzunehmen, denn „für das Gelingen braucht es das *Wollen* und *Können*, aber auch das *Dürfen*" (Wildenmann 2002: 82; vgl. hierzu auch Hugo-Becker/Becker 1996; Rischar 1991; Lobscheid 1994).

- Der Mitarbeiter *kann* nicht. Viele Schwierigkeiten entstehen oft nur dadurch, dass Mitarbeiter die ihnen übertragenen Aufgaben aus den unterschiedlichsten Gründen tatsächlich nicht erfolgreich ausführen können. Vielleicht haben sie die konkrete Aufgabenstellung nicht verstanden, trauen sich aber nicht, dies auch zuzugeben und entsprechend nachzufragen, weil sie die Erfahrung gemacht haben, dass spöttisch auf sie herab geblickt wird. Bei der Lösung der aktuellen Aufgabe, die sie überhaupt nicht verstanden haben, stehen sie dann plötzlich vor großen Problemen. Oder sie haben die Aufgabe zwar verstanden, wissen aber nicht, *wie* sie das Problem lösen sollen, d. h. sie fühlen sich objektiv oder subjektiv überfordert. Oder sie haben alles verstanden und auch die kognitiven Voraussetzungen für die Lösung der Aufgabe, aber irgendwelche emotionale Sperren hindern sie, die Aufgaben entsprechend anzugehen. Vielleicht müssen sie bei der Lösung die Arbeit eines anderen Kollegen, der ihnen wichtig ist, kritisieren und verweigern das innerlich.
  In allen Fällen des Nicht-Könnens sollte zunächst in aller Sorgfalt und Ruhe festgestellt werden, *warum* ein Mitarbeiter eine Aufgabe nicht erfüllen kann (oder glaubt, sie nicht erfüllen zu können). Sind die Ursachen für die Nichterfüllung der gestellten Aufgabe geklärt, sollte gemeinsam mit dem Mitarbeiter besprochen werden, wie das Problem von diesem dennoch gelöst werden kann. Oftmals genügen einige hilfreiche Vorschläge seitens der Kollegen oder des Vorgesetzten. Manchmal sind spezielle Schulungen notwendig und der Mitarbeiter wird zu einer entsprechenden Weiterbildungsmaßnahme angemeldet. So weit wie möglich sollten die identifizierten Sperren beseitigt werden, die den Mitarbeiter daran hindern, die gestellte Aufgabe auch zu erfüllen. In allen Fällen ist allerdings nach einiger Zeit unbedingt in einem gemeinsamen Gespräch zu klären, welchen Erfolg (oder ggf. auch Misserfolg) die gemeinsam besprochene Maßnahme hatte.

- Der Mitarbeiter *darf* nicht. Oft zeigt sich, dass der Mitarbeiter durchaus in der Lage wäre, ein Problem aus eigener Kraft zu lösen, sich aber nicht traut. Er glaubt, er sei zu bestimmten Maßnahmen nicht berechtigt und überschreite seine Befugnisse und Kompetenzen, wenn er entsprechend handelt. Nicht selten stellt sich heraus, dass er in der Vergangenheit bereits einmal etwas eigenständig erledigt und einen Rüffel dafür bekommen hat: „Wie kommen Sie dazu, diese Aufgabe durchzuführen, das überschreitet doch bei weitem Ihre Kompetenz!" Daraus hat er – negativ! – gelernt und traut sich nun nichts mehr. Nicht unbekannt dürfte der sarkastische Satz eines Vorgesetzten gegenüber einem Mitarbeiter sein, der sich seine eigenen Gedanken gemacht hat: „Überlassen Sie das Denken den Pferden, die haben größere Köpfe!" Man sollte sich nicht täuschen: Solche Zwischenfälle werden

7.3 „Kann nicht, darf nicht, will nicht"

in großen Organisationen rasch und nachhaltig kommuniziert. (In der öffentlichen Verwaltung gibt es dafür den plastischen Begriff des „Beamten-Mikado": „Wer sich bewegt, verliert!") Statt das Problem zu lösen oder zumindest offen anzusprechen, handelt der Mitarbeiter deshalb einfach gar nicht, lässt die Aufgabe liegen oder schiebt das Problem einem anderen Mitarbeiter zu. In solchen Fällen ist ebenfalls in persönlichen Gesprächen oder gemeinsamen Diskussionen in der Kulturorganisation der jeweilige Handlungsspielraum abzustecken, innerhalb dessen die Mitarbeiter eigenständig – z. B. gegenüber Besuchern in Kulanzfällen – handeln können, ohne hinterher hierfür kritisiert zu werden.

- Der Mitarbeiter *will* nicht. Immer wieder kann es allerdings auch vorkommen, dass ein Mitarbeiter bestimmte Aufgaben einfach nicht erledigen *will*. Aber auch dieses Nicht-Wollen, das von Vorgesetzten und auch Kollegen sehr schnell als Renitenz und Widersetzlichkeit eingestuft wird, hat seine Ursachen, seinen „triftigen Grund" (wenn der auch oftmals nicht auf den ersten Blick zu erkennen oder zu akzeptieren ist), denen in geduldigen Mitarbeitergesprächen nachgegangen werden sollte. Vielleicht hat der Mitarbeiter Schwierigkeiten mit ganz bestimmten Kollegen innerhalb seines Arbeitsteams – hier kann eine Umsetzung hilfreich sein. Vielleicht hat er gravierende private Probleme, die ihn daran hindern, seine Arbeit optimal zu erledigen. So weit dies irgend möglich bzw. im Sinne des Ganzen vertretbar ist, sollte die Organisation den einzelnen Mitarbeitern helfen, diese Probleme zu lösen, damit sie ihr volles Engagement wieder in den Dienst der gemeinsamen Sache stellen können. Dazu braucht es keineswegs eines fest angestellten Betriebspsychologen, sondern es genügt ein offenes und freundliches Kommunikationsklima, das Fehler als das begreift, was sie sind: Hinweise auf offene Problemstellungen, die es zu lösen gilt.

8 Leadership in Kulturorganisationen

Der vorliegende Ansatz betrachtet die einzelne Kulturorganisation als ein *System* bzw. als einen *Organismus*. Ein System besteht aus einer Vielzahl von Elementen, die sich ständig gegenseitig beeinflussen. Jede Maßnahme, die innerhalb dieses Systems getroffen wird, hat in der Regel nicht nur *einen*, den beispielsweise von einer Führungsperson *eigentlich* intendierten Effekt, sondern eine ganze Reihe von – nicht oft unerwünschten – Nebeneffekten. Einige Beispiele können das verdeutlichen:

- Der Intendant eines Theaters will die Marketingabteilung anspornen, stärker besucherorientiert zu arbeiten. Er beruft deshalb eine Abteilungsbesprechung ein und erläutert seine Vorstellungen. Die versammelten Dramaturgen akzeptieren einerseits die Zielvorstellung des Intendanten, andererseits fühlen sie sich aber „auf den Schlips getreten", weil sie der Überzeugung sind, jetzt schon sehr gute Arbeit geleistet zu haben. Einerseits wird in der Folge tatsächlich stärker auf das Publikum hin orientiert gearbeitet, andererseits führt das zu zeitweise großen Spannungen zwischen Intendanz und Dramaturgieabteilung.
- Der Direktor eines großen Museums belobigt öffentlich ausdrücklich die Kuratorin, die für eine erfolgreiche Sonderausstellung verantwortlich war und gewährt ihr deshalb zwei Tage Sonderurlaub. Das gefällt der Belobigten zwar sehr gut, gleichzeitig kommt es aber in der Folge zu Streitigkeiten im Kuratorenteam, weil die anderen Kuratoren, die nicht an der Ausstellung beteiligt waren, trotzdem aber ihre tägliche Arbeit gemacht haben, sich nicht genügend gewürdigt fühlen.
- Mehrere Eltern beklagen sich beim Leiter einer Musikschule über das unfreundliche Verhalten eines bestimmten Lehrers. Der Musikschulleiter stellt diesen zur Sprache und fordert ihn auf, seine Umgangsformen zu ändern. Dieser bemüht sich nun zwar um ein freundlicheres Verhalten, gleichzeitig solidarisieren sich die anderen Musikschullehrer mit dem Kollegen und machen Stimmung gegen die Schülereltern, „die in ihren Forderungen immer maßloser werden."

Diese wenigen, kleinen Beispiele zeigen, dass eine gezielte Maßnahme, die von einer Führungsperson mit besten Absichten für das Ganze gezielt durchgeführt wird, zu einigen „Kollateralschäden" führen kann, die wiederum weitere Konflikte nach sich ziehen. Oftmals weiß man dann innerhalb der Kultureinrichtung überhaupt nicht mehr bzw. kann dies auch nicht rekonstruieren, „wann das alles angefangen hat."

Deshalb werden den Kulturbetrieben eine systemische Sicht der Organisation und ein entsprechendes Leadership vorgeschlagen. Die im dritten Kapitel hierzu gemachten Ausführungen werden hier noch einmal knapp zusammengefasst.

Zunächst muss allen in der Kulturorganisation Beschäftigten klar sein, dass es aus konstruktivistisch-systemischer Sicht keine unerschütterlichen harten Fakten, sondern nur Beobachtungen und Konstrukte der sozialen Wirklichkeit gibt. Die Wirklichkeit *ist* nicht einfach „da", sondern sie wird von allen Beteiligten permanent hergestellt. Dementsprechend gibt es nicht *die* eine Wahrheit bzw. Objektivität, sondern es gibt nur Wirklichkeitskonstruktionen und dementsprechend viele „Wahrheiten". Es macht also bei der Lösung von Konflikten wenig Sinn, auf „objektiven Fakten" zu beharren, denn jede Sache ist immer irgendjemandes Sache; dessen persönliche Befindlichkeit „hängt" an dieser Sache und muss stets mit berücksichtigt werden.

Ebenso *gibt* es nicht die eine Wirklichkeit, d. h. sie *ist* nicht, sondern sie wird *gesehen*. Dementsprechend hängt alles von den jeweiligen Beobachtungsperspektiven und Unterscheidungen der jeweils an der Situation beteiligten Mitarbeiter ab. Wichtig ist deshalb innerhalb des systemischen Führens, dass immer die Sichtweisen aller Beteiligten abgefragt werden – und diese auch zunächst alle zugelassen werden als existierende soziale Realität (auch wenn sie auf den ersten Blick für die Führungsperson vielleicht noch so abstrus erscheinen mag). Jeder hat seinen – für ihn – „*triftigen Grund*", warum er die Sachverhalte so und nicht anders sieht. Diese „Bilder von der Wirklichkeit" regulieren den Zugang zu ihr und definieren den jeweiligen „Aus-Schnitt" aus der unendlichen Fülle der Möglichkeiten, der jeweils nur behandelbar ist. Es wäre deshalb völlig kontraproduktiv (und würde sich bald rächen), wenn die Führungsperson darauf bestehen würde, nur ihre Sicht der Dinge zuzulassen bzw. diese gar verbindlich zu machen.

Statt starrer Dichotomien (*richtig/falsch*, *schuldig/unschuldig*) zählt im systemischen Führungskonzept deshalb stets die *Kontextabhängigkeit*, die Nützlichkeit und die Anschlussfähigkeit der Aussagen. Es kommt dementsprechend weniger auf die einzelne Person (den „Führer") an, denn nicht nur er, sondern jeder Beteiligte innerhalb einer Kulturorganisation ist in sachlichen, sozialen und zeitlichen Kontexten verortet. Niemand kann alles überblicken und beeinflussen, da jeder notgedrungen über einen „blinden Fleck" verfügt – auch der beste „Leader".

8 Leadership in Kulturorganisationen 147

An die Stelle von Außen- bzw. Fremdsteuerung durch diesen (im Zweifelsfall überforderten) Leader sollte deshalb zunehmend *Selbststeuerung* und *Selbstorganisation* der Mitarbeiter treten. Es sollte prinzipiell davon ausgegangen werden, dass jeder Mitarbeiter motiviert ist. Die Handlungs- und Personenzentrierung („Täter-Opfer"-Schema) wird durch eine *Interaktions-* und *Kommunikationszentrierung* überwunden. Scheinbar „logische" lineare Kausalketten („Wenn Sie das tun, passiert das ...") werden durch vielfältige Wechselwirkungen und Feedbackschleifen ersetzt, denn niemand weiß alles und kennt „das Ganze". Akteure nehmen lediglich immer nur Bruchteile und Ausschnitte wahr, und nur deshalb können sie überhaupt handeln. Wer alles bedächte und berücksichtigte könnte nicht mehr handeln.

An die Stelle messbarer Unterschiede treten *Unterscheidungen* und *Veränderungen*, denn Beobachtung beruht auf Unterscheidung. Nur durch bewusste Grenzziehung wird Überschaubares vom unbeherrschbar komplexen Umfeld abgesondert und der Analyse zugänglich – und diese Unterscheidungen sind notgedrungen zunächst immer subjektiv.

Die Idee eines linearen Fortschritts wird ersetzt durch das Wechselspiel von Entwicklung, Veränderung, Bewahrung und Deblockierungen („Lernende Kulturorganisation" – und zwar im Sinne des Zwei- bzw. Dreischleifen-Lernens: „Learn to learn"). Fehler sind ausdrücklich zugelassen, denn sie befördern das Lernen („Was wollen wir in Zukunft besser machen?") Wichtiger als formale Logik und Widerspruchsfreiheit sind die Integration von Widersprüchen und die Einbeziehung aller am Prozess Beteiligten. (Scheinbar) rationale Beziehungen und „harte Fakten" werden in der Kulturorganisation deshalb ersetzt durch die Integration von harten *und* weichen Faktoren wie Emotionen, Intuitionen und vielfältige Kommunikationsprozesse.

Statt einer starren Hierarchie herrscht Heterarchie, wie sie aus dem Projektmanagement bekannt ist. Statt der Linie als Führungsinstrument dominiert das *Netz*; statt Zentralismus herrscht *Polyzentrismus* (d. h. jeder Mitarbeiter hat seine zentrale Bedeutung für das Ganze); statt Heteronomie *besteht* weitgehende Autonomie der beteiligten Mitarbeiter. An die Stelle von Fremdbestimmung tritt die weitgehende Selbstorganisation; statt (scheinbarer) Einfachheit, Eindeutigkeit und Transparenz wird Wert gelegt auf *Komplexität, Kontingenz* und *Mehrdeutigkeiten*; statt (eines oft nur vordergründigen) Konsenses treten bewusste Differenz und gewollter Dissens („Lasst uns Fehler machen, aber lasst sie uns schneller machen, dass wir schneller lernen.").

Und diese Sicht der Dinge hat unmittelbare Konsequenzen für die Rollen von „Führer" und „Geführte": Stattdessen tauchen nun neue Rollenbilder auf, etwa die der „Impulsgeber", der „Gärtner", der „Befähiger", der „Entwicklungshelfer" und der „Coachs"; und deren Methoden sind weniger Instruktionen,

Anordnungen und Befehle als vielmehr Zuhören, Fragen, Dialog, Diskussion, Reflexion und „Lernen des Lernens" (Königswieser/Hillebrand 2007: 28; Neuberger 2002: 638ff.).

Es wird hier nicht behauptet, dass diese Form des Leadership einfach und konfliktfrei ist – ganz im Gegenteil. Sie setzt ein hohes Maß an Lernbereitschaft, Konfliktfähigkeit, an Empathie und gegenseitigem Respekt bei allen Beteiligten voraus. Aber da nur sie den Menschen, die in Kulturbetrieben arbeiten, wirklich gerecht wird, ist sie ohne Alternative. Unendlich mühsam, aber zukunftsorientiert!

Literaturverzeichnis

Adorno, Theodor W. (1960): Kultur und Verwaltung. In: MERKUR, 144
Argyris, Chris und Donald A. Schön (1999): Die lernende Organisation. Grundlagen, Methode, Praxis, Stuttgart
Badelt, Christoph (Hrsg.) (1999): Handbuch der Non-Profit-Organisation. Strukturen und Management, Stuttgart2
Baecker, Dirk (1994a): Experiment Organisation. In: Lettre International, Frühjahr
Baecker, Dirk (1994b): Postheroisches Management. Ein Vademecum, Berlin
Baecker, Dirk (1999): Organisation als System, Frankfurt a.M.
Barnard, Chester I. (1938): The functions of the executive, Cambridge/Mass.
Bass, Bernard .M. (1990): From transactional to transformational leadership: learning to share the vision. In: Organizational Dynamics, 18 (3)
Bass, Bernard .M. (1998): Transformational leadership: industrial, military and educational impact, Majway, New York
Becker, Fred. G. (1994): Lexikon des Personalmanagements, München
Beckhard, Richard (1969): Organizational development: Strategies and models, Reading / Mass.
Bennis, Warren G. und B. Nanus (1987): Leaders. The strategies for taking charge, New York
Bennis, Warren (1989): On Becoming a Leader, New York
Berger, Peter L. und Thomas Luckmann (1977): Die gesellschaftliche Konstruktion der Wirklichkeit. Eine Theorie der Wissenssoziologie, Frankfurt a.M.
Berger, Roland (1994): Statement. In Bertelsmann-Stiftung (Hrsg.): Braucht Kunst eine Führung? – Ist Führung eine Kunst? Dokumentation der Bertelsmann-Stiftung zur Konferenz am 17. Oktober 1993 in Gütersloh, Gütersloh
BMI (2001): Moderner Staat – Moderne Verwaltung. Praxisempfehlungen für die Erstellung und den Abschluss von Zielvereinbarungen im Bundesministerium des Innern und in den in den Behörden des Geschäftsbereichs des BMI, Berlin
Brentel, Helmut (2000): Sammelrezension zu Argyris/Schön In: Türk, Klaus (Hrsg.): Hauptwerke der Organisationstheorie, Opladen
Bonazzi, Giuseppe (2008): Geschichte des organisatorischen Denkens. Herausgegeben von Veronika Tacke, Wiesbaden
Boston Consulting Group (1988): Vision und Strategie. Die 34. Kronberger Konferenz, München
Bourcart, Jean Jacques (1874): Die Grundzüge der Industrie-Verwaltung. Ein praktischer Leitfaden, Zürich

Bruhn, Manfred (1999): Kundenorientierung. Bausteine eines exzellenten Unternehmens, München
Deal, Terence E. und Allen A. Kennedy (1982): Corporate Cultures: The Rites and Rituals of Corporate Life, Reading/Mass.
Deutsch, Morton (1976): Konfliktregulierung, München
Deutscher Museumsbund/ICOM Deutschland (2006): Standards für Museen, Kassel/Berlin
Dietz, Alexander (2005): Der homo oeconomicus, Gütersloh
Drucker, Peter F. (2001): Was ist Management?, München
Drucker, Peter F. (2005): Management im 21. Jahrhundert, Berlin
Föhl, Patrick Sinclair und Andreas Huber (2004): Fusionen von Kultureinrichtungen. Ursachen, Abläufe, Potenziale, Risiken und Alternativen, Essen
Fuchs, Max (2004): Evaluation in der Kulturpolitik – Evaluation von Kulturpolitik. Vortrag im Rahmen der Fachtagung „Evaluation in der Kulturförderung – Über Grundlagen kulturpolitischer Entscheidungen" am 16. Juni 2004 in der Bundesakademie für kulturelle Bildung in Wolfenbüttel
Gabler Wirtschaftslexikon (1993), Wiesbaden
Gomez, Peter und Gilbert Probst (1996): Vernetztes Denken im Management. In: Die Orientierung 89
Heinrichs, Werner und Armin Klein (2001): Kulturmanagement von A-Z, München
Herzberg, Frederick (1968): One more time: How do you motivate employees? In: Harvard Business Review
Hinterhuber, Hans-Herbert (1997): Strategische Unternehmensführung Band 1: Strategisches Denken, Berlin/New York
Hochreither, Peter (2004): Erfolgsfaktor Fehler. Keine Angst vor Fehlern, Göttingen
Horak, Christian und Peter Heimerl-Wagner (1999): Management von NPOs – Eine Einführung. In: Badelt (Hrsg.) 1999
Horak, Christian u. a.: (1999) Ziele und Strategien von NPOs. In: Badelt (Hrsg.) 1999
Hugo-Becker, Annegret und Henning Becker (1996): Psychologisches Konfliktmanagement. Menschenkenntnis. Konfliktfähigkeit. Kooperation, München
Iden, Peter (1993): Die Chance: Das Schiller-Theater als Modell. In: Frankfurter Rundschau vom 5.7.1993
Irmler, Günter (1997): Der Zuschauer lässt sich nichts vormachen. Zum Publikumserfolg der Musicaltheater. In: Heinrichs, Werner: Macht Kultur Gewinn? Kulturbetrieb zwischen Nutzen und Profit, Baden-Baden
Jenewein, Wolfgang und Marcus Heidbrink (2008): High-Performance-Teams. Die fünf Erfolgsprinzipien für Führung und Zusammenarbeit, Stuttgart
Jenewein, Wolfgang (2008): Das Klinsmann-Projekt. In: Harvard Business Manager, Juli
Kets de Vries, Manfred (1998): Führer, Narren und Hochstapler. Essays über die Psychologie der Führung, Stuttgart
Kets de Vries, Manfred (2001): The leadership mystique. A user's manual for the human enterprise, Harlow
Kieser, Alfred und Tilman Segler (1981): Die betriebswirtschaftliche Organisationslehre. In: Kieser, Alfred: Organisationstheoretische Ansätze, München

Kieser, Alfred (1993a): Managementlehre und Taylorismus. In: Kieser, Alfred (Hrsg.): Organisationstheorien, Stuttgart/Berlin/Köln
Kieser, Alfred (1993b): Max Webers Analyse der Bürokratie. In: Kieser, Alfred (Hrsg.): Organisationstheorien. Stuttgart/Berlin/Köln
Kießling-Sonntag, Jochem (2002): Zielvereinbarungsgespräche. Erfolgreiche Zielvereinbarungen. Konstruktive Gesprächsführung, Berlin
Kirchgässner, Gebhard (1991): Homo oeconomicus – Das ökonomische Modell individuellen Verhaltens und seine Anwendung in den Wirtschafts- und Sozialwissenschaften, Tübingen
Klein, Armin (2005): Kulturpolitk. Eine Einführung, Wiesbaden
Klein, Armin (2007): Der exzellente Kulturbetrieb, Wiesbaden
KM. Das Monatsmagazin von Kulturmanagement Network (2008) : Schwerpunkt Personal, April
Königswieser, Roswita und Martin Hillebrand (2007): Einführung in die systemische Organisationsberatung, Heidelberg
Kommunale Gemeinschaftsstelle (1989): Führung und Steuerung des Theaters, Köln
Kotler, Neil and Philip Kotler (1998): Museum strategy and marketing. Designing missions. Building audiences. Generating revenues and ressources, San Francisco
Kunz, Gunnar (2003): Führen durch Zielvereinbarungen. Im Change Management Mitarbeiter erfolgreich motivieren, München
Lobscheid, Hans-Gerd (1994): Mitarbeiter einvernehmlich führen, München
Luhmann, Niklas (1964): Funktionen und folgen formaler Organisationen, Berlin
Luhmann, Niklas (2006): Organisation und Entscheidung, Wiesbaden
McClelland, David (1961): The achieving society, New York
Manstetten, Reiner (2002): Das Menschenbild in der Ökonomie – Der homo oeconomicus und die Anthropologie von Adam Smith, Freiburg
March, James und Herbert Simon (1959): Organizations, New York
March, James G. und Johan P. Olsen (1979): Ambiguity and choice in organisations, Bergen
Maslow, Abraham H. (1981): Motivation und Persönlichkeit, Reinbek bei Hamburg
Mintzberg, Henry (1983): Power in and around organizations, Englewood Cliffs
Mortier, Gerard (1991) in: Frankfurter Allgemeine Magazin vom 2.8.1991
Mortier, Gerard (2001): Ombra Felice. In: Mortier, Gerard und Karin Kathrein (Hrsg.): Salzburger Festspiele 1992-2001, Wien
Nerdinger, Friedemann, W. (1995): Motivation und Handeln in Organisationen. Eine Einführung, Stuttgart/Berlin/Köln
Neuberger, Oswald (2002): Führen und führen lassen. Ansätze, Ergebnisse und Kritik der Führungsforschung, Stuttgart
Nieschlag, Robert, Erwin Dichtl und Hans Hörschgen (1997): Marketing, Berlin18
Online-Verwaltungslexikon – Management und Reform der öffentlichen Verwaltung (2008);
www. olev.de
Oppermann-Weber, Ursula (2002): Mitarbeiterführung. Führungsansätze passend auswählen. Führungsinstrumente richtig einsetzen, Berlin

Peters, Thomas J. und Robert H. Waterman (1994): Auf der Suche nach Spitzenleistungen, Landsberg
Rischar, Klaus (1991): Schwierige Mitarbeitergespräche erfolgreich führen, München
Roethlisberger, F.J. und W.J. Dickinson (1939): Management and the Worker, Cambridge/Mass.
Schein, Edgar H. (1995): Unternehmenskultur -Ein Handbuch für Führungskräfte, Frankfurt a.M./New York
Schein, Edgar H. (2000): Prozessberatung für die Organisation der Zukunft. Der Aufbau einer helfenden Beziehung, Bergisch Gladbach
Schein, Edgar H. (2003): Organisationskultur, Bergisch Gladbach
Schneck, Ottmar (1993): Lexikon der Betriebswirtschaft, München
Schreyögg, Georg (1998): Organisation. Grundlagen moderner Organisationsgestaltung. Mit Fallstudien, Wiesbaden2
Schulz, Bettina (1995): Wir wollen soviel Geld verdienen wie möglich. Andrew Lloyd Webber, Musicals und Manager. In: Frankfurter Allgemeine Zeitung vom 25.11.1995
Schulze, Gerhard (2005): Die Erlebnisgesellschaft: Kultursoziologie der Gegenwart, Frankfurt a.M.
Séguin, Francine (1998): Social cultural changes: New Management Challenges. In: Colbert, Francois (ed.): Cultural organizations of the future, Montreal
Seifter, Harvey und Peter Economy (2001): Das virtuose Unternehmen, Frankfurt a.M./New York
Senge, Peter M. (2001): Die fünfte Disziplin. Kunst und Praxis der lernenden Organisation, Stuttgart
Selznick, Philip (1957): Leadership in Adminstration. A sociological interpretation, Evanston
Simon, Fritz B. (2007): Die Kunst, nicht zu lernen. Und anderen Paradoxien in Psychotherapie, Management, Politik, Heidelberg
Simon, Herbert (1949): Administrative Behavior, New York
Staehle, Wolfgang H. (1994): Management. Eine verhaltenswissenschaftliche Perspektive, München
Steinmann, Horst und Georg Schreyögg (1991): Management. Grundlagen der Unternehmensführung. Konzepte, Funktionen und Praxisfälle, Wiesbaden
Stroebe, Rainer W. und Guntram H. Stroebe (1997): Motivation, Heidelberg
Tannenbaum, R. und R. W. Schmidt (1958): How to choose a leadership pattern. In: Harvard Business Review 35
Taylor, Frederick W. (1911): Principles of scientific management, New York
Theater als Behörde (2000): In: Der Spiegel 29
Tröndle, Martin (2006): Entscheiden im Kulturbetrieb. Integriertes Kunst- und Kulturmanagement, Bern
Tylor, Edward B. (1871): Primitive Culture. Researches into the Development of Mythology, Philosophy, Religion, Art and Custom, London
Ulrich, Peter (1984): Management. Gesammelte Beiträge, Bern und Stuttgart
UNDP-Evaluation Office (2002): RBM in UNDP: Selecting Indicators, New York

Literatur

Versicherung gegen Berufsunfähigkeit wird teurer (2006). In: Frankfurter Allgemeine Zeitung vom 6.7.2006

Vroom, Victor H. (1964): Work and motivation, New York 1964

Weick, Karl E. (1979): The Social Psychology of Organizing, Reading/Mass.; dt.: Der Prozess des Organisierens, Frankfurt a.M.1985

Weber, Max (1972): Wirtschaft und Gesellschaft. Tübingen5

Weck, Michael (1995): Die Kultur der Kulturverwaltung. Eine hermeneutische Analyse von Biographie und Verwaltungshandeln, Opladen

Welch, Jack und Suzy Welch (2005): Winning. Das ist Management, Frankfurt a.M.

Wunder, Bernd (1986): Geschichte der Bürokratie in Deutschland. Frankfurt a.M.

Das Grundlagenbuch zur Soziologie

> Überblick zu den aktuellsten Themen der Soziologie

Nina Baur / Hermann Korte /
Martina Löw /
Markus Schroer (Hrsg.)
Handbuch Soziologie
2008. 505 S. Geb. EUR 34,90
ISBN 978-3-531-15317-9

Erhältlich im Buchhandel
oder beim Verlag.
Änderungen vorbehalten.
Stand: Januar 2009.

Welche Deutungsangebote macht die Soziologie für die Analyse gesellschaftlicher Gegenstandsbereiche? Um dieser Frage nachzugehen, bietet das „Handbuch Soziologie" einen einzigartigen Überblick über die in deutschen, angloamerikanischen und französischen Zeitschriften am intensivsten diskutierten Themenfelder der Soziologie: Alter – Arbeit – Ethnizität – Familie – Geschlecht – Globalisierung – Individualisierung – Institution – Klasse – Kommunikation – Körper – Kultur – Macht – Markt – Migration – Nation – Organisation – (Post)Moderne – Prozess – Raum – Religion – Sexualität – Technik – Wissen – Wohlfahrtsstaat.

Für jedes dieser Themenfelder wird erläutert, mit welchen theoretischen Konzepten zurzeit geforscht wird oder in der Vergangenheit gearbeitet wurde. Die Autoren stellen konkurrierende Ansätze ebenso dar wie international existierende Unterschiede.

Das „Handbuch Soziologie" will ein besseres Verständnis von Theorie am konkreten Beispiel ermöglichen. In der Zusammenschau der Artikel werden die Systematik, Fruchtbarkeit und Grenzen theoretischer Zugriffe auf verschiedene Gegenstandsbereiche für eine breite Scientific Community vergleichbar sowie die Spezifik soziologisch-theoretischer Perspektiven in angemessener Sprache öffentlich gemacht.

www.vs-verlag.de

VS VERLAG FÜR SOZIALWISSENSCHAFTEN

Abraham-Lincoln-Straße 46
65189 Wiesbaden
Tel. 0611.7878-722
Fax 0611.7878-400

MIX
Papier aus verantwortungsvollen Quellen
Paper from responsible sources
FSC® C105338

If you have any concerns about our products,
you can contact us on
ProductSafety@springernature.com

In case Publisher is established outside the EU,
the EU authorized representative is:
**Springer Nature Customer Service Center GmbH
Europaplatz 3, 69115 Heidelberg, Germany**

Printed by Libri Plureos GmbH
in Hamburg, Germany